U0114343

投資理財系列 10

沒資金，沒背景，靠這個五年

財富自由

許國煜◎著

博客思出版社

如何成為一個房產投資專家

從來沒有想過自己會成為一個專職房地產投資人，現在把以前做的規劃拿出來看，都覺得會心一笑。

求學時代對人生所做的規劃就是進入好的公司，循序漸進，按時升遷，然後按時退休。雖然是這樣簡單的規劃，但是從學生時代開始，有件事始終在我腦海中盤旋著，現在回想起來，或許那是我晉身為成功投資專家的關鍵重點。是什麼呢？

那就是不斷思考如何賺錢？

從不斷地思考與學習、碰壁的過程中，我發現這個社會的狀況，跟我們從課本所得到的知識有落差。

★ 長輩的當頭棒喝讓我頓悟

為了賺錢，我嘗試過許多的職業、方式；剛開始是想成為一個科技新貴，一心只想進入好公司，領股票分紅，準時退休，但是進入社會越久，就發現那不是我想要的生活方式。因為有個長輩點醒我－－我從沒想到自己整個人生的價值，在5分鐘之內被算出來。發現了這個令人震驚的事實後，再回頭看看那些企業家、資本家，他們一年的產值，可能是我們一輩子都比不上的。

★ 為什麼有人富可敵國？有人卻是一貧如洗呢？

從小跟父親去工地當水泥童工的時候，有個問題就一直縈繞在我的腦海中，為什麼他們能住在陽明山上的別墅？？而我們只能住在大雨會淹水的老舊公寓？？我永遠都記得！在我求學的過程中，爸媽常常為錢吵架，媽媽總是皺著眉頭跟我們說：「家裡面沒什麼錢。」就因為從小常常聽到這句話，心中就莫名的對賺錢非常的渴望，這個渴望執著延續到日後，也是這樣的動力造就現在的我。

由於不甘一輩子埋首在工地間，所以常思考：到底一個水泥工的小孩要怎麼做？？才有辦法在這個社會搏得一個鹹魚翻身的機會？

然後我開始一系列的工作測試。

第一份工作是15歲時去牛排館端盤子，那時，時薪是65元1個小時，做了兩個月就發現這不是我應該做的。

第二份就往時薪更高的工作做起，改去漫畫王大夜班當工讀生，那時，時薪是100元，但做了兩個月後發現，那實在不是人做的，非常累！簡直燃燒生命在賺這點錢！

後來發現幫人組裝電腦，看起來好像很好賺的樣子，事實證明的確是好賺。於是就跑去電腦公司當工讀生，學習如何組裝電腦、安裝軟體，學到所有技巧之後，開始了一個非常瘋狂

的時期，跟朋友組成一間電腦工作室，迎接了另一個新的賺錢模式，並且開始接觸所有學校沒教的事情：做廣告、招攬客戶、維修接案、接洽售後服務。那個時侯我賣一台電腦賺的錢，是我同學在下課後打工一個月的薪水，也因此賺了不少錢，讓我更加確定，想賺大錢要靠頭腦。

在那個直銷非常的盛行的時期，我也隨潮流加入直銷的行列，我加入過永久、階梯。在直銷裡沒特別賺到錢，但是學到了強大的行銷技巧。

接著就是退伍之後，在因緣際會下接觸到保險公司，在保險公司裡面待了將近兩年左右的時間，第一年的薪水就破100萬，賺到了不少錢，但是更重要的是；讓我看清這個社會的人情冷暖，也學到許多商業的道理，與做人處事的方法。

為什麼最後會下定決心成為房地產投資者？

因為我早就觀察到房地產是可以致富的。

用最簡單的邏輯來分析：

1.人有住的需求

2.大金額帶出大利潤

確定方向之後，為了學習怎麼投資房地產賺錢，我開始去仲介公司上班，接著去商用不動產上班，然後再去法拍公司上

班，但是因為這些工作都沒有底薪，所以到最後我的積蓄全部花光光，而且還負債。最後為了要支付生活費，只好頂著「大學資管系的學歷」，去工地做了2年的水泥工，即使這樣，我還是在不動產這領域繼續堅持，皇天不負苦心人，最後總算是讓我熬過來了。

為什麼要說這麼多呢？因為我想傳達的是，不用顯赫的家世背景、學歷，如果真的願意，天下無難事。就像我爸常跟我講的一句話：「外面的錢賺不完，有本事的人去拿」；同時我也希望能取之於社會用之於社會。因為我發現很多人其實都很有機會可以跟我一樣，只是沒有人提拔，或是沒有方向，所以我花了將近1年左右的時間匯整我過去11年來所有的經驗，寫了這一本書，分享一些我的實戰經驗跟投資必懂的觀念，還有我自己個人自創的「零失誤的投資方程式」，我希望可以投透過自己的經驗，幫助到有心想要翻身的年輕人。

FB粉絲頁-順利九九財商學苑

如果你打算進入不動產投資界，
這本書一定要看！

這本書裡詳實的記載了極多在不動產投資的「眉眉角角」，如果你是不動產投資新手，看完這本書保證可以少走很多冤枉路，如果你是老手，看完這本書恰可以與你的經驗比較整合，更加有方法能得到更多獲利。

要把一本不動產投資的書寫的淺白很容易，要寫的艱澀也不困難，但像國煜這樣不藏私又寫到深入淺出真的很少見，各行各業高手出書通常都會留一手，但國煜不但不留一手，還甚至各別舉例說明，就怕你不了解。

國煜寫這本書的過程我基本上都歷歷在目，堪稱嘔心瀝血之作，寫了又改，改了又寫，還要確定我這個對不動產投資一知半解的傢伙看的懂，才覺得這樣寫可行，我本人在做行銷顧問，當然也寫文案，但我都不免懷疑：你寫這本書也太累了吧！但國煜想到的只是，對我來說這麼好的翻身方法，為什麼不讓大家都知道呢？國煜非常希望可以幫助更多人透過這本書，翻轉自己的未來！

認識國煜已超過15個年頭，書上寫的他所有的歷程，從大學時期一起成立電腦工作室，我身在其中，到自己的人生價值三分鐘就被算出來，這件事我也參與了，當然，我也是被打臉

的那一個！完全不隱瞞自己的個性、經歷，也完全曝光自己從負債到現在的身價，這個勇氣我非常讚賞並且佩服。

沒人會想告訴你比爾蓋茲的成功，一開始是有個律師爸爸和在商場呼風喚雨媽媽，也沒人告訴你巴菲特不是白手起家，因為這樣激勵不了沒錢的人進入投資市場或創業，而這些人被激勵而勇闖投資市場或創業之後呢？99%GG！！因為沒人教你怎麼做！但國煜就是個水泥工家庭出身（我個人掛保證），而這本書就是純粹的把他如何賺到這些錢的細節和方法告訴你，我只能說，他真的很大氣！不過話說回來，若你看完這本書，然後沒做，一樣學不會，一樣不會翻身！如果你看完這本書覺得好像要再多點什麼？這就對了！因為經驗不足，沒經驗的話會很難想像這本書內某些實操的部份，不過也沒關係，因為你若連這本書都沒有看完，你就跟本不會知道你想問或該問的問題與自己不足的地方，這本書提供了非常詳細的心法及策略，但完整嗎？實話是「不完整」！裡頭還缺乏的是「你的經驗」！也許你有過投資不動產的經驗，但若沒有到一定的數量，很多問題你是不會發現的，也許一次兩次你運氣好就過了，也許你被仲介、代書、銀行行員瞞在鼓裡而不知真相，透過這本書，你比對一下過往經驗（如果你有的話），你就會理解我在說些什麼了！

最後，透過海賊王中我最喜歡的一句話：「想要我的財寶嗎？想要的話我可以送給你！自己去找吧！我把全世界的財富

都放在那裡！」所以，去找吧，國煜已經把所有的祕密都放在書裡了，請細細品嘗，請輕鬆享用，請認真看待，想從貧困中翻身嗎？認真讀吧！認真做吧！加油！祝福你！

陳英瑋（Because）

任鑫股份有限公司創辦人
典泉行銷創辦人
BNI台北市中心區董事顧問
南海扶輪社 社員

人生最重要的就是認識自己

認識國煜是因為國煜參加新北市新世紀國際獅子會，經過一位從事保險業的會員介紹來參加新世紀獅子會月例會，我正好是當年度會長；透過會員推薦是我們唯一接受新會員的方式，原因在於推薦人本身對於被推薦人必須有相當程度的認識與了解，能夠被我們會員信賴的夥伴可以縮短我們評估的時間；同時經驗法則讓我們知道，可以降低不適任會友的機率，避免不適任衍生出的機會成本問題。

見習過程要經過與會長的雙向溝通，我們再評估是否接納新成員，見習者也在評估這個獅子會是否適合他自己；當天同時進行雙向溝通的約有5名來賓，事後我給國煜的評語是：「年輕有衝勁、沉穩內斂、外圓內方、值得投資！」國煜也順利的加入我們新世紀獅子會成為我們的一員。

看了本書之後讓我對於當初給國煜的評語感到太過於客氣，這簡直是一位骨骼精奇、難得一見的商業奇才；或許他不會成為家喻戶曉的大企業家，但是這絕對不是他不行而是他選擇的是另外一條適合自己人生的道路。

我常掛在嘴巴上勉勵年輕朋友的一句話「人生最重要的就是－－認識自己」，聽起來老生常談，卻是我經歷了大起大落的際遇之後最深的感觸；一個人甚麼時候真正的認識了自己，就從甚麼時候開始一腳踏入成功人生的殿堂。人生起點在哪裡並不重要，重要的是你的人生要往哪裡去？

沒資金，沒背景，
靠這個5年財富自由

　　若以本書的不動產術語來形容，認識自己就像是清楚一塊土地的使用分區、使用強度、外部地點、外部需求、稅法、建築技術規則、區域細部計畫等等，做足了這些功課，才能知道在甚麼時間點將土地打造成最有價值的產品。

　　國煜認識自己的過程經歷了15年，從15歲第一份打工經驗開始，到30歲真正的認識自己，從揹債幾百萬一直到累積4～5千萬的身價；這15年間挫折與貧窮就是他的導師，逼迫他認識自己，找到人生的方向。

　　也應了很多成功企業家常說的「貧窮是自己最重要的老師」，然而值得深思的是，認識自己的過程可不可以不要這麼苦？學習成長的過程能不能輕鬆一點？那麼我推薦正在看此推薦序的你，趕緊買下這本書，用過往者的經驗變成自己的經驗，用最便宜的代價「從書本學習」學到在業界生存的基本功，站在巨人的肩膀上看得更高更遠，不管你的人生要不要從事不動產，我可以斷言你絕對離不開不動產，畢竟你總要有個遮風避雨的地方休息睡覺，能遮風避雨的地方就是不動產的其中一項。趕緊開啟本書，讓國煜老師帶你進入彷彿平行時空的不動產世界！

王威元

國際青年商會總會副總會長
2016-2017新世紀國際獅子會會長
現任300B1區分區主席
現任新北市三重區忠孝里長
國民黨第20全黨代表

房產投資入門書

　　恭喜各位幸運的讀者，你們選擇閱讀這本書，就是成為懂思考的人的開始，打開此書你們必然獲益匪淺。作者深入淺出以各種不同的角度切入、分析，為有志於投資房產的讀者提供最佳的方法。拜讀此書之後，最讓我佩服的是本書結合了投資理財的理論和實務經驗，卻不像坊間的投資理財書籍用詞過於生硬難懂，反而流暢平實，舉例豐富，即使是第一次接觸投資理財的讀者也能輕鬆閱讀，從中可以了解如何入門、實務操作和正確的房產投資觀念。承蒙作者給予我這個千載難逢的機會，讓我可以在出版之前，提前拜讀此書，並且能為如此精彩絕倫的書為文作序，在下感到非常榮幸！在下才疏學淺，只能說說個人淺見，希望各位讀者一定要詳讀此書。

沈志榮

豆點花坊實業創辦人

2017-2018新世紀獅子會會長

CONTENTS 目錄

第四篇 不動產投資番外篇

第五篇 富人賺錢秘密

第一篇
選對管道人人都可以致富

1-1 如何從負債200萬的水泥工→到投資不動產翻身

★ 沒腦袋+沒錢+沒有退路＝只能努力思考如何成為成功者，並且有耐心的去執行。

我小時就不是很擅長唸書，大學是唸資訊管理系畢業的，在學校的成績總是名列前茅（倒數的），我也曾經想過把程式語言學好，進到好的電子公司，領固定的月薪穩定的薪水收入。但是我真的不太會唸書，腦筋反應沒那麼好，所以這條路就被封死了，哈哈。

還記得以前求學年代，過得真的還蠻辛苦的，記得最窮困的時候，為了省錢我一天三餐都吃吐司，去買了巧克力醬回來塗在土司上，這樣就是一餐，偶爾吃個魷魚羹麵或者是魷魚羹飯，就覺得很開心，ＹＡ～～今天有吃到肉類。

如果你是一個想要做大事、想要有一番成就的人，家境背景卻是這樣的一窮二白，家裡也沒有辦法提供你太多的資源，那你能做些什麼呢？我就一直不斷地思考，像我們這種沒有背景、家境不好、沒有資金的人，到底要怎麼做才能夠成功？

所以我在學生時期早就已經明白，要選擇業務工作，因為業務工作是有機會讓你得到的跟付出的努力一樣多。但是在眾多的業務工作當中，到底該選哪一種工作，我其實在心中早就

已經有了答案，我退伍之後要去從事不動產相關的工作，因為我的感覺就是，這是一個「很有機會」的行業。

★ 績效很好但是照樣陣亡？

所以退伍之後，馬上躍身進入不動產的仲介行列。

一進入仲介公司之後，才發現事情不是像傻人想的這樣，當時進入仲介公司的第一個月，我就簽了「20件」左右的賣屋委託，看似前程似錦對不對？

但是在過了3個月左右，我就畢業了……

接著我轉去做商用不動產，一樣，第一個月簽了10幾件商用不動產的買賣委託，但是再過了3個月，我又畢業了。

為什麼呢？？

第一，年紀太輕，不懂得怎麼做業務。

第二，還是年紀太輕，妄自菲薄，覺得自己做的很爛。

（我後來才知道，一個月能簽20幾件銷售委託回來，還挺厲害的！）

第三，我發現一件事，一個沒有業務能力的新人，誰是那個帶領你的主管「非常重要、非常重要、非常重要」。

我離開某間房仲公司的其中一個原因是，當初跟我同期進來的一個女新人，因為做的不好自責地在辦公室哭泣，我們店長進來不是安慰她或是開導她，而是嘴巴叼著菸，罵她三字經，當下我很傻眼，這樣的環境我不知道你感覺如何？我是待不下去的。

　　至於商仲，當初會離開的原因，現在回頭看，我認為自己根本就不知道怎麼做業務，只會簽委託約不會成交，也不懂該怎麼團隊合作，加上自己沒耐心，看到主管動不動就成交上億的案件，自己壓力大的要死，所以還是畢業了。

　　猶如很多青年學子，我在就學的時候申辦了「助學貸款」，所以一出社會，身上就背了大約50萬元左右的債務，在房屋仲介與商用不動產仲介陣亡之後，因緣際會，我進入了保險業，做了2年的保險業務，很慶幸的平均年薪都在100萬以上，所以很快地就把我的助學貸款還清了。那時真的很開心，但是好景不常，遇到2008的金融海嘯，有些保險的收入一直沒收到，後來就離開了。在從事保險業務的時候，我始終認為房地產是一個很好的選擇，離開保險之後，接著我又回去從事有關房地產相關的工作。

★ 知道目標在哪裡，路途再遙遠都不會迷失方向

　　在出社會工作的過程中，知道房地產投資客可以賺很多錢，我就立志當專業不動產投資人，為了這個目標，我把所有

能賺錢的不動產工作都了解了一遍，包含之前的工作，我做了：

> » 「房屋仲介業務」、

> » 「商用不動產業務」、

> » 「法拍屋代標業務」、

> » 「土地開發仲介」、

> » 「二胎放款的業務」、

> » 「租屋公司業務」。

你們可能會認為，那個時候我手上已經有錢可以去做投資了，對嗎？

錯！

事實上我在做這些工作的時候，手上並沒有可以投資的資金。而且所有這些工作的特性，都是沒有底薪的，完全靠獎金，所以那個時候承受著非常巨大的壓力。

為什麼要提到沒有資金這一段呢？？

我要告訴各位，即使現在手上還沒有資本或資源，也要著

手去學習跟準備，只要你動手做過，我們所做的任何一切努力，絕對不會是白費的。你今天做的事情，絕對是為了往後的日子在鋪路。

★ 水泥工爸媽養出大學畢業的水泥工兒子，讓我發誓要向上賺錢，翻轉我的人生

好的。雖然已經投入房地產這麼久，但是在這個時候身上還是沒有什麼錢，所以這時候要提到我父母，我父母從40年前上來台北打拼就是在做水泥工，在我開始投資的時候；他們已經65歲，還是一樣在工地裡面做事，身為小孩子的我心中總是很難過，由於那個時候賺到的錢還沒有很多。總是會非常自責，因為以前的我沒有能力讓他們過好生活。

我認為我的業務能力也不是那麼得好，在研究的同時沒有賺到很多錢，生活很不穩定，有一餐沒一餐，所以父母親就叫我跟他一起去工地做水泥工，一邊尋求機會，我父親那個時候65歲，但是身上還背負責250萬左右的貸款，當時眼下沒有什麼可以賺到更高的收入的機會，如果去做水泥工的話一個月的收入可以將近7萬~8萬，所以我咬著牙頂著大學畢業的學歷，去工地裡面搬磚頭、搬水泥，然後穿的髒兮兮在沙子跟粉塵中穿梭打滾，每天弄得灰頭土臉，而且這個社會很多人很勢利眼，很多人都會看不起做工的人。

那個時候深刻體會什麼叫做席地而睡。在工地裡面中午休

息，運氣好的話；你還有屋簷下可以休息，如果有的時候屋主不方便，就要去坐在路邊閉目養神，總是要被人投以異樣的眼光。

那個時候每天我都告訴我自己，我一定要想辦法突破現狀，所以就算每天工作非常的累，但是晚上下工回家之後，我還是不停的收集資訊。如果有人提供案件給我，我就去看房子，去結交仲介人脈，同時不斷地累積自己的資本存錢，每天都到凌晨2點才睡，早上6點多就要起來，繼續去工地工作，這樣的日子周而復始，然後慢慢一點一滴地累積經驗，從開始出斡旋，到錯過投資機會，在從錯誤當中學習，進而知道怎麼樣把握機會。在零失誤的投資方程式之中的「**投資前至少先做這件事**」有提到如何把握機會的秘訣。最後終於成功投資

第一間房子……遇到問題，解決問題，獲利了結。

然後第二間房子……遇到問題，解決問題，獲利了結。

然後第三間房子……遇到問題，解決問題，獲利了結。開始進入一個正向的循環

然後家裡面的負債在開始投資房地產之後，不到1年我就把家裡面的債務全部還清，接著就是開始透過房地產投資的獲利累積資本。

★ **感謝並且珍惜每次的獲利**

　　每一次獲利了結之後，我絕對不會去買奢侈品或大吃大喝犒賞自己，因為我還在做各種投資研究，我研究的範圍非常的廣泛，而每一個領域都給了我同樣的領悟，那就是所有的產業一定都會有景氣循環－－現在好賺，並不代表以後也會這麼好賺。

　　之前很多朋友賺到了一點錢，就非常大手筆，會去聲色場所，一個晚上花個5萬～10萬很正常，因為錢很好賺，今天花完了明天再賺就有了。

　　但是我遵守景氣循環的理論，每賺到一筆錢，我不但沒有把它花掉，反倒是繼續把這些錢小心翼翼地守著，然後繼續努力尋找下一個投資案件，過程中看到別人過著優渥的生活難免會羨慕，但是我很清楚知道未來的目標是什麼，所以我心中的那一把尺會時時刻刻提醒著我，今天老天給你錢賺，你也應該要好好的利用每一分一毫賺來的錢，不然等到景氣不好的時候，沒有人可以、也沒有義務幫忙你，懂嗎？

★ 「等價交換」原則

　　再來很重要的一點是，你可不可以忍受孤單？

　　當你沒有錢沒有資源的時候，你所能做的就是大量的學習，當你的朋友都在看電影、唱歌、喝酒、玩樂的時候，而你卻要在家裡面收集跟分析資訊，或者是要出去看案件，到市場

的最前線去收集資訊，累積經驗值。

這是一件相當寂寞的事情，因為跟我同年紀的人，大部分的人不會去思考做不動產投資這件事，但是我很清楚知道，這是我唯一可以翻身的機會，所以只能咬著牙根把這些路走下去。

我喜歡看漫畫，因為看漫畫不用花大錢，而且可以滿足我的想像力，即便到現在還是會看一些漫畫。其中有一部漫畫叫做鋼之煉金術師，裡面常常提到一句話叫做：「等價交換」，這句話真的非常的有道理，**你今天把你的精神跟時間放在哪裡，未來你的成就就會在哪裡**，你投入多少時間跟精力，你就會得到多少東西。

到目前為止，我研究加上投資不動產這個領域已經將近12個年頭，做得越久、了解的越深，就會覺得越有趣，有點可惜的是我之前沒有人帶領，所以很多地方花了不少的時間跟金錢。現在越來越了解之後，才真的深深的明白到，為什麼有錢人會越來越有錢，因為他們真的很聰明，也很用心的在思考如何賺錢這件事，當你錢賺到一定程度的時候，那時你在乎的不是錢，在乎的是你可以做到這件事情，但是別人做不到，這個就是一種成就感。當然現在物質上的基本享受，例如一年平均出國4～6次；尤其喜歡海島國家，有時候一出國就是待個2星期到1個月，完全不用擔心經濟上的問題，因為早就已經透過不動產投資建置完成我的財務規劃，我希望各位透過學習之後，也

可以加快財富自由的速度，過自己想要的生活。

　　有人投資不動產要準備300百萬，一年可以賺到50萬～150萬，投資報酬率大約在16%～50%左右。但是有人做投資卻不用拿一毛錢出來，也可以賺到100多萬，這樣子投資報酬率要怎麼算？？沒辦法計算。

　　要怎麼做呢？？所以就要好好的來學習啦！不是嗎？不動產投資這個領域，我個人認為是學無止境。所以一定要時時刻刻地學習，並且出現在市場上，這樣就有機會可以賺到錢喔。

1-2 爸媽在經濟起飛的80年代　投資房地產賠了 100萬

投資房地產一定會賺錢嗎？

在經濟起飛的年代，如果你買了房子是不是一定賺錢？？

能不能賺錢？能不能獲利？到底取決於什麼？

如果在25年前，你在台北車站旁邊的電梯大樓買了一間房子，想必應該會賺不少錢，對吧？

我要講我爸媽很神奇的例子，他們25年前在台北車站旁邊的天成大飯店旁邊買了一間房子，買了之後有一段時間租人，大概過了兩年左右又把這件房子賣掉。

由於那個時候我年紀還很小，才國中而已，國中的時候大家也很清楚，生活就是在唸書、考試、玩樂，所以我完全沒有任何概念，也不會去思考太多，為什麼買了之後要賣掉？一直到我開始投資房地產後，才發現原來我爸媽在這個買賣當中賠了100萬左右。請各位思考一下，25年前的100萬有多大呢？

如果我爸媽是很會賺錢的生意人或許還沒關係，但是我爸媽只是非常勤奮、節儉的水泥工人。思考一下100萬！水泥工要做多久才有辦法賺到100萬？小的時候沒有概念；但是一直到開始投資之後，才發現這個金額真的是很可怕！

我爸媽當時因為看到有錢的人都在買房子、買股票，所以他們只聽別人說：「這個很好賺啦！」他們就去買了。

這裡我不得不說，我爸媽買房子真的、非常的，怎麼說才好呢？

很狂阿！！

以我現在看房子、買房子經驗老道，才可以做到一看到可投資的案件，當下看完當下就把房子買下來，這是非常專業的投資人，才能做到的事情，而我爸媽那時……？

★ 投資不動產的大忌全部都中

我爸媽那時工作繁忙，所以他們投資房地產並沒有事先做功課，也沒有時間去看房子，只能偶爾有空時看一下。有一天晚上某某房屋仲介打電話給我爸媽，報了他一間房子，位置在台北車站旁的電梯大樓，他們去看完之後就把這房子買下來，重點來了，他們竟然沒有殺價！？

我的老天鵝阿！！

首先沒做功課就算了，再來他們買了之後也沒有去找銀行了解，完全就是交給仲介跟代書找銀行，所以銀行的利率非常的高。然後他們過戶交屋後，整理完就租出去，他們本來想利

用租金來支付房子的本金跟利息。這個如意算盤也打得相當得好，但是他們少做了一件事情，其實不只一件事情，是很多件事情！！

他們在租客方面沒有做篩選，所以這個租客住進去之後，只有第一個月付房租，接下來住了將近10個月，都沒有付過任何一塊錢房租，然後房子裡面弄得亂七八糟，最後花錢請律師才解決，所以就無心戀棧，又把這個房子便宜的賣掉，整個結果下來就是賠了100萬。如果我爸媽當時有看過「零失誤的投資方程式」中的策略心法「進場前你需要這樣思考」，他們就不會賠的這麼慘了……

有哪些問題我們再回顧一下

1.沒有了解區域行情→買貴。

2.沒有殺價→買更貴。

3.沒有自己問幾間銀行→貸款壓力變重。

4.沒有篩選租客→花錢請律師。

5.貸款繳不起後急賣→賣便宜。

當我聽他們敘述這些經過的時候，我小小的眼睛瞪的大大的，嘴巴也打的開開的，一時之間合不上來。為什麼有人在做投資規劃的時候可以隨意這個樣子！？結果後來我才發現其實

還不少人是這個樣子。

很多人都覺得投資賺錢很容易，看投資人在用錢賺錢好像很輕鬆，但是告訴各位一個真理；沒有一種賺錢是輕鬆的，你賺得錢越多，你所承受的壓力越高，還有你所學的專業知識就必須要更多。

所以再回到我們剛剛最一開頭說的；買房子到底會不會賺錢？？我可以很篤定的告訴你：「一定會賺錢，但能不能賺到錢，完全取決於你的專業知識。」有人靠運氣搭上時機賺到錢的，那個我就不把它列入考慮，因為那個不是你厲害，那個叫做時勢造英雄。真的有本事的人，是英雄造時勢，就算在景氣不好或者是時機不好的時候，有本事的人、夠專業的人都還是賺得到錢，所以不管是投資、不管做任何的工作能不能賺得到錢，最重要最重要的就是：「你的專業知識」。當然不可否認的還要有一些天份，你的專業知識跟天份都具備的話，最後再來一點的運氣，俗話說的好：「天助自助者」。如果你沒有兼備前面兩項，就算運氣來的時候，不好意思，你也是抓不到這個機會的。

1-3 我也好想要有富爸爸

★ 沒有富爸爸栽培，很多「好康的」你想都別想

　　每次當我發現一個商業模式好像有搞頭的時候，我就會想辦法開始做深入的研究、收集資訊。然後想辦法去跟這個領域的佼佼者接觸。

　　首先我會評估這個商業模式，以現在的我有沒有辦法達到？譬如說我知道製藥利潤非常高，但是我有辦法去製作藥品嗎？答案是否定的。這個時候我會馬上停止研究，因為你不應該花時間去研究一個你永遠沒辦法做到的事情，

　　製藥業我沒有辦法做到的是：

　　資金的規模、人力的規模、技術上的門檻、資源上的結合，以上幾點都不是我可以做的到的，所以當然要停止。

　　再舉個例子，有一陣子我非常地沉迷研究：

　　「創業投資。天使投資。私募基金」。這三項是環環相扣的一個系統。那為什麼我會想要研究這方面呢？？

　　因為我看上了「創業投資」投資報酬率的爆發力，試想一下當你在Facebook還小的時候，你持有1%的股權，到今時今日請問一下，你現在的身價是多少？？答案是什麼，有興趣的人可以上網Google一下，現在Facebook的股價總市值多少？？

所以這是一個相當迷人的概念。也相當正面的概念。因為你投資創業團隊，當創業團隊成長之後，他們便會招募員工進而促進整個社會的經濟跟繁榮，而你會得到相當豐厚的報酬，所以整體來說這是一個非常正向的循環。但是當我越深入的研究，我就越發現想要在這個領域有一點成績，你必須有符合以下兩點：

第一，雄厚的資本當然是必須的。

第二，要有關係、要有人脈。

我發現在這個領域成功的人，基本上一定不是白手起家，一定要有上一代的栽培，他才有機會成為這個領域的佼佼者。因為好的創業團隊，他們要的不是你的錢，錢到處都是。對好的創業團隊來說，他們要的是投資人的資源跟人脈。如果你的資源跟人脈對他們沒有幫助，沒有辦法幫助他們的公司成長，他們會選擇不要你的投資。

當我在成為天使投資人的時候，我就曾經真的看到一個很有前途的創業團隊，大家捧著錢要投資他們，但是他卻跟投資人說道：「我不知道我要這麼多的錢幹什麼？？因為這只是在稀釋我的股權而已。」這樣懂了嗎？？好的團隊不缺資金的。

另外我去上私募基金經理人的課程時，有一個講師他的年

薪報酬大約是300萬美金左右。換算台幣大約是年薪「1個億」。講師的年紀大約大我兩歲，但是人家的背景是「爸爸為政府的高層官員」，小時候就把他們送到美國念書，唸律師，因為創業投資、私募基金的概念是從美國那邊發展起來的，有美國的背景、語言、文化知識，100%是吃香的。所以基本上在起跑點，你就完全贏不過別人了，當我了解到這個道理的時候，反觀自己再去看看別人，自己擁有什麼資源？？自己擁有什麼人脈？？如果這件事情還不是你該做的時候，就必須要先把它放下，先繼續研究別的領域。

★ 沒有富爸爸怎麼辦？選擇房地產就對了！

說了這麼多，跟不動產有什麼相關嗎？？

當然有非常大的關係，不動產的投資人人皆可以辦得到，你不需要到美國去唸書，你不需要有非常強大的技術背景，所以沒有富爸爸的我，選擇從這方面著手發展。我可以跟你非常肯定的這麼說，這條路一定可行，為什麼呢？？

因為我本身就走過一遭，我在不動產上賺了不少錢，只要你願意花時間，並且嚴格的按照我的「零失誤的投資方程式」指示來做，你一定也可以取得很好的成績，因為有很多人也是這麼做，跟我一樣，沒有家世背景、沒有人脈、資源，沒有富爸爸，也可以從房地產白手起家致富。

1-4 現在可以投資房地產嗎？？

這兩年來跟朋友在聊天的時候，總是被問到一句話：「**現在房地產景氣這麼不好，到底還可不可以投資？？**」

由於我一直沒有站在不是專業房地產投資人的角度，來思考這個問題，我只是很納悶覺得想反問：「為什麼不能投資？？」，但後來經過了解，現在我才發現原來是觀念上的差異。

我之前一直沒有去深入了解「非專業投資人」心裡的想法，後來跟人聊過之後才發現，原來一般人在看待投資不動產的時候，他們看到的只是「增值性」，而也就因為「增值性」這三個字，所以才一直覺得不能投資，原來他們的想法是：「假設買了一間1000萬的房子，希望放個1～2年之後，可以漲到1100萬，所以是要賺1100萬-1000萬＝100萬增值的價差」。

★ 不受景氣影響照樣賺錢的「最高秘密原則」

這跟我投資的原則落差很大，因為我一直以來做的投資只有一個原則，不管你現在是景氣好還是景氣不好，我一定要買在比「當下」還要便宜的房子。

舉例：

一間「現在」市價1000萬的房子，我們用「800萬」或者「以下」買到。

請問一下：這樣子是不是馬上就賺200萬？

一直以來我們的原則就是：

想辦法買到「便宜」的案件，而不是買到會「增值」的案件。這兩個在本質跟原理上，有著非常巨大的差異。

如果你買的是增值性，也就是說你必須要「賭」的就是：「未來一定會漲價」。當然可以有非常多的利多跟話題，可以說這個地方會漲價，但是沒有人敢保證一定漲是嗎？？

但是如果1000萬的房子你用800萬買到，還需要等什麼增值？？現在就已經賺錢了不是嗎？？

我是不是已經讓我的投資立於不敗之地？？今天如果房價往下跌20%，是不是也剛剛好可以平手而已？？

我們不要貪心市價1000萬，我們買800萬然後賣970～980萬（比市價便宜一點）這樣會不好賣嗎？

但是如果你今天買「等增值」的房子，當房價往下跌20%你的虧損就是－20%，這樣子懂我的意思了嗎？？

人的觀念必須要轉換，觀念轉換，才有辦法賺錢，換一個腦換一個觀念，或許可以帶來一個完全不一樣的生活。

至於要怎麼樣去取得便宜的案件？？有價差的8折甚至7折6折的案件？？在「零失誤的投資方程式」裡有非常詳細的介紹。但是師傅領進門修行在個人。希望各位都有辦法成為投資不動產的高手。

1-5 為何選擇投資不動產？

★ 10分鍾虧損43%的投資

投資有非常多的方式以及管道，為什麼要選擇投資房地產呢？？那讓我分享一下我的經驗。我自己本身是一個很愛賺錢的人，從唸書時就已經一直在思考要怎麼樣賺錢，我的投資的經驗也是一步一步慢慢的累積上來的。我講一下自己之前投資「期貨」的經驗。因為之前沒有資金，所以就會一直思考什麼樣的方式可以「用小錢賺大錢？」

所以我就從股票開始研究，可是股票投資如果要快速賺大錢，需要有「足夠本金」利用策略才有辦法賺到一定的投資報酬率，但是我沒有本金，所以到最後所有的方向就是指向「選擇權」跟「期貨」。決定好方向之後，接著我買了一大堆書來看，然後去研究所謂的技術分析、籌碼、基本面、程式交易、波段交易……等等，學習如何提高投資的勝率技術，然後再觀察過去的歷史紀錄，接著再觀察國際情勢分析，再分析各種程式指標，前前後後大概花了一年左右的時間，不眠不休的研究分析資料，幾乎是天天研究到凌晨2～3點，也是常有的事情。

最後關鍵的時刻來臨了，研究資料做足了，好不容易也存到了足夠的保證金，這個時候是不是應該來驗收研究成果呢？

我還記得那個時候的期貨保證金一口是10萬元，於是我很

興奮地拿了錢去銀行開戶，申請帳號、電腦連線準備好，然後就等待適當時間點進場，開始做交易，依照過去分析的歷史資料，終於等到了適當進場時機，接著就開始交易了。

我依照辛苦研究的模式交易了幾次。結果呢？

來說一個最經典的事件，在一次看盤中，我離開電腦螢幕去曬個衣服，大概30分鐘左右，回來之後我的倉位，從原本10萬瞬間只剩下7.3萬，WTF！！這個數字是代表什麼呢？代表我做的這項投資，在30分鐘之內讓我的投資損失27%。

從那次之後，我是不是就此收手了呢？？

錯！

我就再存了一筆錢，因為我認為可能是我交易的方式做錯，所以想要採用另外一種交易模式：「高頻交易」，好不容易高頻交易模式研究完成，我要開始去實踐囉！！這一次更精彩，我的10萬元保證金，在10分鐘之內只剩下5.7萬，也就是說10分鐘之內投資損失43%。這是一個什麼樣的投資呢？？

我是不是就此收手了？

是的！！

所以從那次之後，我就再也沒有接觸過金融商品。

在這漫長的研究過程當中，其實也發現一些金融投資的真

理，那就是台灣的市場真的很小，所以非常好操作，如果你是要玩短期的金融操作技術面、基本面，基本上沒什麼用處，因為決定權都在外資的手上，外資要漲就漲，外資要跌就跌，所以最主要的就是－－「內線消息」。

另外專業的投資公司，都有程式交易設計鬼才，以及金融數學鬼才，他們寫出來的演算法跟程式交易，根本就不是你一個人的腦袋可以比得上的，寫出來的程式是「百萬分之一秒」為單位在跑的交易，試問你怎麼贏得過那些交易程式軟體？

再來舉另一個案例：我的朋友C君，那時候他很沉迷選擇權，也是做了很多的研究技術面分析、基本面分析、籌碼面分析、消息面分析，那個時候他持續的投資選擇權，在2008年金融海嘯的時候，讓他放空從投資4000元在選擇權裡面，一夜之間4000元變成40萬，那個時候走路有風好像很神，但是之後呢？中間的過程我就不贅述了，我直接講結論，他的40萬後來全部都賠回去了，然後最後倒賠40萬。

為什麼我要講這些案例呢？

我想講的就是之前我想賺「快錢」，所以你的錢損失的速度也超快，於是最後我決定選擇好好的經營不動產領域，雖然花了我不少的時間。但是值得嗎？

答案是：「肯定值得的！！」

因為從投資不動產以來，我非常用心跟努力，再加上不動產是很穩定的投資工具，所以我在這方面賺了不少錢。

因為自身的經歷和有感而發的感想，所以才希望如果大家想要投資，可以選擇不動產當作投資的工具，因為不管再怎麼樣，還是有一間房子在那裡，相對來講不動產波動的幅度也很小，是一個很穩定的投資置產工具。所以這就是為什麼要選擇不動產當作投資標的。

1-6 人生值多少？

我想問現在正在看這本書的各位一個問題，請你認真地思考後再回答我，問題就是：**「請問你的人生『值』多少呢？」**

各位在自己心中有答案了嗎？有的話我們就繼續讀下去吧

當第一次發現到這個事實的時候，我整個人非常的震驚，小的時候我認為把書念好，學好一技之長，認真到公司去工作努力升遷當一個主管，然後退休。聽起來是一個非常正常的人生過程，直到有一天，我被某一個長輩點醒。

是這樣的，人都認為自己是無價的，我也這麼認為，我認為我自己是無價的，結果事實上一張紙、一支筆3分鐘之內，狠狠的打了我的臉。

長輩拿出一張紙跟筆來，

接著問我：「國煜啊～你認為你的人生值多少呢？？」

我：「人生值多少，哪裡算的出來啊，人是無價的。」

他笑笑的回我：「真的嗎？」

接著他開始問我：「請問未來你去工作，一個月薪水多少錢？」

我：「至少要一個月5萬吧！」

長輩：「所以一年加上年終獎金大約就是70萬囉？」

5萬＊（12+2）＝70萬

我：「沒錯，差不多是這樣。」

接著他就說：「那你打算工作多久退休呢？」

我想著便回他：「工作個30年左右差不多了吧。」

他笑笑的說：「那就30年吧。」

他接著在紙上寫下的一些數字，然後跟我說：「來，這個就是你這輩子的價錢。」

30年＊70萬＝2100萬

他笑笑著說：「國煜，再說一次，你覺得你這輩子可以創造的價錢是多少呢？？」

當下我眼睛盯著那幾行簡單的數字，我一句話都說不出來。

請問各位

台北市的房子現在一間多少呢？

新北市的房子一間又是多少呢？

那些成功人士身價又是多少呢？

有錢人住在動輒上億的豪宅裡面

而我（你）呢？？

我（你）拼命工作30年換到2100萬，如果我（你）要住進價值1億的豪宅裡，要不吃不喝工作5輩子。從那天之後，我每天都很認真的在思考這個問題，為什麼？？

有的人他們工作，一年的薪水是我們工作一輩子的薪水。

為什麼？？

有的人工作一個月賺到的錢是我們10年賺到的錢。

為什麼？？

嘴巴上說我的身價是無價的，但是我可以創造的價錢，用簡單的幾行數字就把我算完了。

為什麼？？

他們做得到，而我卻沒有思考我要怎麼才能做到？

所以各位是不是也要好好的思考一下這個問題？

★ 我們都在待價而沽

之前我跟另外一位長輩在聊天，他說的另一個比喻，也讓我非常的省思，夾娃娃機各位看過嗎？？我相信大部分的人都

看過娃娃機。人力銀行大家應該也都知道吧，應該大部分的人都去登錄過人力銀行，在上面寫好自己的履歷：

寫著自己的經歷有多好。

寫著希望的待遇是多少。

寫著自己的能力有多好。

長者說他看到這個現象，就像是真人娃娃機，每個人把自己放上去待價而沽，而老闆卻有權利選擇要夾起哪一個娃娃，娃娃夾起來之後，用的不高興、用的不順手，就可以把他丟到一旁去，再重新夾一個娃娃起來用。聽起來是不是覺得……

我並不是說上班不好，這是大部份人選擇的安穩道路，只是若您想賺進很多錢，這個過程能不能達成，就見仁見智了；如果有人說：「我胸無大志，我只求安穩就好」，那也沒什麼不好，但奉勸如果有這樣想法的人，要記住一句話，「人無近患，必有遠憂。」

1-7 選擇比努力更重要

這是一個非常重要的法則，這適用於任何的法則。不管你相不相信，我可以很確定的告訴你，**你現在口袋裡面的錢未來可以變成多少錢，完全取決於你現在做的決定。**

網路上流傳著一個故事，這是真實的事，一個台北人1984年為了圓出國的夢，賣掉忠孝東路一個透天的房子，湊了300萬到義大利去淘金，風餐露宿、下著大雪還要去送外賣，晚上在到夜校去學外語，為此還被搶劫過好幾次，辛辛苦苦節儉的華人個性，勇往直前的努力朝他的目標邁進，30年過去了如今已經白髮蒼蒼，總算存下了100萬歐元（大約4000萬台幣），覺得是時候了，可以回來台灣養老，享受榮華富貴，但他回台北之後回到老家的門口，發現當年賣掉的房子，仲介掛的牌子寫著出售兩個字，打電話過去詢問一下價格，售價是「四億元……」

他站在這裡那裏久久不能自己，想著這30年他的辛苦努力到底為了什麼……？？

這個故事告訴我們，很多人的一生，多半都是瞎忙，所以千萬記住一件事，選擇比努力還要重要。為什麼要選擇房地產？因為這個世界大概有五成左右的富豪，都是透過房地產而成為富豪，台灣前五名首富，其中有兩個人就是靠房地產致富。各位思考一下這世界上的行業有多少種？有沒有成千上萬

種？但是房地產致富的人，卻在這些富豪的比例中，佔了非常驚人的高比例，各位可以上網爬文就知道。

★ 這世界上有「2種人會發財」

然後有人會說：「我又不懂怎麼投資，我又沒有像他們那麼聰明」。

我來告訴你一個道理：這世界上有「2種人會發財」。

第一個是有大智慧的人

因為他們能夠洞察趨勢，把握未來機會。所以會發財是很正常的事。

第二個是沒有大智慧，但是懂得跟隨的人

我們不懂不要緊，但是我們要懂得抓住一個成功者的手，成功者到哪裡，我們就跟著到哪裡學習，抓著不放，最後我們也會成功。

最後有一種人最有機會失敗，就是他自以為聰明，其實不聰明。所以最可怕的就是那種，既不願意跟隨，又沒有大智慧的人，失敗的往往就是他們。在這個世界上有大智慧的人是少數，學會跟隨的人也是少數，大部份都是那種既不跟隨、也沒有大智慧的人，結果輸的就是他們，這就是市場的遊戲規則。

　　所以我們如果真的不懂沒關係，那就當一個聰明的傻瓜，想辦法緊抓著成功的人，俗話說的好「沒有肉吃，也會有湯喝」。

　　　　　　　　　　　「FB粉絲頁-順利九九財商學苑」

第二篇

11個投資案例剖析

2-1 Case-1 5分鐘買一間房

★ 5年磨一劍

　　這是我的第一個案件，經過了一番努力研究後，在買這個案件前，我大概歷練了5年左右的時間，在這五年中，我做過房屋仲介、商用仲介、土地開發、法拍屋仲介，終於在一個過年前買到了第一個投資案件。

★ 暗中起動獲利計算機模式

　　小郭是某大品牌公司的業務人員

　　小郭：「許大哥，我們這裡有一間電梯大樓，社區名稱叫做X寶石，現在屋主開價830萬。」（由於長時間累積看房的經驗，已經累積到非常敏銳了，所以一聽到這個房子的開價，就知道等於是目前的成交行情。）

　　電話這頭我就回應：「聽起來價格還不錯喔。」（其實心裡面早已經有一定的盤算，只是在買房子的時候，你的喜怒不能形於色，所以就只說這價格聽起來還不錯。）

　　於是我們約好可以看房子的時間後，看了一下手錶，大約還有30分鐘左右，在接收到資訊之後，馬上就把自己的筆記本拿出來，然後再馬上打開電腦查詢行情。

並且在腦海中馬上盤算！去現場之前，下面的問題在自己心理要有一個底：

1.要用多少範圍的價格買進？最高可以買多少？

2.要用多少範圍的價格賣出？

3.自備款大概要拿多少出來？

4.貸款可以貸多少？

5.有哪些銀行可以配合？

6.買進之後要在多久之內處理掉？

7.把我特製的神奇成本表打開之後開始計算。

在「零失誤的投資方程式」中，有我特別設計的神奇工具，只要1分鐘馬上可以計算出：

這個案件有多少獲利？

可以買？還是不能買？

價格應該要出在多少？

★ 5分鐘買一間房子

做投資有一個很重要的關鍵，就是你要隨時Standby，一旦

有做投資有一個很重要的關鍵，就是你要隨時Standby，一旦有人報給你優質的案件，你必須在15分鐘到1小時之內出現在現場，不誇張，好的案件，當你到的時候已經有很多人在那邊看了，做投資就是要快、狠、準。

這個案件呢？

我當然是第一個到達現場。大概花了5分鐘在屋子裡面繞了一圈，確認沒有任何大問題，馬上斡旋單就給他寫下去，支票給他丟下，沒有錯！買案子就是要這樣，從看屋到付斡旋只花5分鐘。

★ 馬拉松式的談判「見面談」

接下來，就進到其中一個非常耗體力的環節，也就是約屋主到仲介公司「見面談」，每次見面談的時間動輒「4個小時」起跳，而耗到「6-12個小時」也是常有的。對一般人來說，見面談是一種很累人的事情，但是對我來說，我還蠻喜歡見面談的感覺，因為那會讓我覺得既興奮又期待，是一種會讓我上癮的感覺，但也是一個相當耗精神、耗體力的一個過程。

在這過程之中，屋主跟買方會被安排在不同的房間，然後我們就在小房間裡泡茶、吃點心，仲介會不斷的在兩個房間穿梭，一方面要求屋主降價，一方面要求買方加價，直到雙方的價格一致達成交易，這個案件屋主的開價是830萬，經過5個小

時的來回拉扯之後，最後這個案件730萬成交。

　　這個案子順利的在一個月後過戶交屋，過戶完之後我馬上著手整理，接著就開始銷售。由於房子本身屋況保持良好，所以我大約只花了10來萬，稍微做油漆、整理、清潔後就開始賣了。要如何整理案件？當案件要銷售時，要怎麼樣跟仲介簽約？這又是另外一門學問，我在其他章節會提到。

　　由於這是我的第一個案件，所以小試身手，測試一下市場的水溫跟手感，原本設定要賣870萬，但是後來是850萬成交。這個案件從買進到賣出大約只花三個月左右，結案之後有好一段時間，還是覺得很不可思議，久久不能相信，我終於做到了！！！～～～永遠都忘不了那個感覺。

2-2 Case-2 法拍屋

★ 法拍屋是不好的房子？

「法拍屋」，有許多人都不太願意去購買這樣的房子，認為這是不好的房子，但是對我們來說；這是很好的投資機會。而且不是你想標這一間法拍屋，你就一定標的到好嗎？？如果你想投資法拍屋，以我們的經驗，大約要投標五次才有可能標到一次，當然如果你投標的金額等於或高於市價，那自然不在話下，不然如果要投資當然不能買太高，除非這個案件非常的優質跟稀有，就算有錢也買不到，這種特殊案件才有可能標高於市價。

好的案件跟不好的案件，非常好觀察。當你選定要投標的案子，到了法院要投標的時候，只要看到這個案子還沒有開標，但是卻滿場都是人，那這個案子想必就是有獲利空間。

爸媽在我還沒開始投資房地產之前，也很擔心法拍屋會不會有什麼樣的問題？但是去過兩次法院投標後，回來他們只要跟朋友聊到法拍，常常把一句話掛嘴邊：「以前認為法拍屋沒人要，但是每次去現場，擠滿滿的人，好像菜市場一樣，好的案件有時候有30幾張標單，大開眼界。」

★ 外面的競爭對手讓我睡不著

終於在第5次投標的時候，標到了第一間法拍屋，還記得那個時候當競標官宣布得標者的名字時，心中真的非常開心，因為我真的非常認真努力的看了不下「數十間」的法拍屋，看的範圍包含板橋、中和、永和、三重、新莊、土城。

每次在寫投標單的時候，總是抱著希望可以標到的心情，但是前面4次都被別人以些許的差距標走，每次在要投標的前一天晚上總是睡不好，因為不知到哪裡來的競爭對手會把我想要的案件搶走。

有些人真的非常瘋狂，但是有的時瘋狂的價格是被法拍代標業務拱上去的，這也是我做法拍代標時學習到的，有許多法拍代標業者非常厲害，總是可以讓他們客戶標到的金額，接近市場上的價格；但有時也會拍到高出市場的價格。

法拍屋會不會有問題呢？？

當然是會有問題啊！不然怎麼會成為法拍呢！？

但是這個時就是老話一句，只要你的專業夠強，解決問題的能力就越大，記住一句話我會常常提到：「**解決問題的能力，等於賺錢的能力**」。但是；沒有人天生下來就會解決問題，一定是經過了不少的失敗才學會解決問題，經過幾次之後你就會有這樣的感覺，原本認為很難的事情或者是別人覺得很

難的事情，最後你卻覺得稀鬆平常。

要投標法拍屋，要考量到其中的幾個問題：

1.貸款的問題。

2.裡面住戶排除的問題。

3.沒有辦法看房屋內部的問題。

其中貸款的問題，因為有專門的銀行在做法拍屋的代墊款，所以貸款部分好解決，大部分的人比較擔心的是，沒有辦法看房屋內部的狀況，更擔心的就是到底裡面是什麼樣的人在佔屋？

就像我前面所說的，如果你有很多次法拍的經驗了，而且已深入這個市場去做研究跟了解，那這個部分就可以不用這麼擔心了。

★ **平時多培養人脈，好處多多**

這個房子標到之後，我就請我之前一起做法拍的同事幫我處理，這個同事，經過我的觀察；我覺得他非常的細心、用心，所以我請他幫忙跟住在屋子裡的人接洽協商，一般人對於法拍屋最頭痛的地方也是這個問題，不知道該怎麼跟佔屋的人接洽和談判，還好我同事他有相當的經驗，所以也很順利的跟佔住裡面的人洽談，經過他的協調跟處理之後，果然我同事沒

讓我失望，沒有花一分一毫的費用，就請佔住房子的人在交屋前搬遷。

每一個法拍屋的背後，其實都有一個故事，被拍賣的屋主都有他們的問題，今天我們只要好好的用心去了解背後的問題，一般來說都可以順利地把問題給解決。在事成之後呢？當然不可以虧待去協商的人，於是我包了一個紅包給他，皆大歡喜。

★ 細心運用巧思快速銷售案件

這個案子我用400萬的金額標到，點交之後進去裡面看屋況。運氣還不錯！裡面的格局跟裝潢都還保持的相當良好，所以我就自己買了一桶油漆，把裡面的牆壁全部都粉刷過，由於隔壁有養寵物，所以經過的時候有很重的寵物味，這個時候也不需要去煩惱太多，首先我買了一大堆的芳香劑，放在室內跟室外，然後我每隔兩三天就會過去，在門口噴掉一整罐的芳香劑，我想應該沒有鄰居會覺得周遭香香的是一件不好的事情吧。

再來房子裡面空空蕩蕩的，客戶看了比較不會有感覺，所以那個時候我就使用了一些技巧，讓房屋美輪美奐。在「零失誤的投資方程式·實戰心法賣屋篇」「**不動工就可以裝潢房子的技巧**」有詳細說明。

　　買方來看屋的時候，腦袋中就會自動幻想美好的未來——我的家，當我搬進來後也是這樣子美美的。

　　接著當然就是開始請仲介來賣這個房子，後來我們用520萬順利成交賣出，賣的期間大概是三個月，這個案件我們拿出來的金額大約是100出頭萬，投資報酬率多少那就請各位自己按一下計算機算看看吧。

　　所以要買法拍屋有幾個重點：

1. 要勤勞的去看法拍資訊。

2. 要勤勞的去看案件，去了解案件。

3. 要勇敢的去投標。

4. 要找到對的人幫你處理佔屋問題。

5. 要找到銀行處理貸款。

6. 得標之後要花心思行銷案件。

7. 銷售中要花時間去巡視房子。

8. 房子賣出獲利之後，不要忘記回報給幫助你的人。

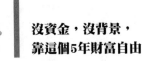
2-3 Case-3 里長的房子

★ 便宜的案件，案主都是缺錢的人嗎？

有一天小吳問我：「許大哥，你怎麼可以找到這麼多好的投資案件？有這麼多缺錢的人嗎？」

我：「要買到便宜的案件，一定要找到缺錢的人嗎？其實這還真的不一定。」

我接著說：「我有一個案子取得的對象，是某個里的里長，家裡很有錢。」

小吳：「什麼！？有錢人手中也能買到便宜的投資案件？」

我：「有錢人們的資產，有些可能很多，尤其跟政治相關聯的有錢人，他們熱衷於很多政治活動，正也因為這樣，所以他們無心去照顧或整理那些資產，當有資金需求時，他們會想盡快把房子賣掉，前提是拿到資金的速度要快一點。」

這類型的人，他們重的是「感覺」，錢有時不是重點，但前提是你要找到對的人，才有機會撮合這筆交易。這位里長的房子的確是蠻多的，他要銷售的案件距離捷運站大概7分鐘路程，公寓4樓的2樓，坪數29坪、屋齡大概30年左右。

當初這個案子要購買的時候，其實心中有點猶豫，於是開始展開市場詢價與調查，我利用「零失誤的投資方程式」開發篇的案件詢價的藝術與技巧，在詢價的過程中可以保護案件的來源，同時又可以取得正確的資訊，經過自己評估與詢價之後，附近生活機能相當完整，再加上走到捷運站只要7分鐘，所以我用870萬購入這個房子，870萬這個價格其實很多人會不敢出手，但是經過我的分析與評估，比較了附近的行情後，再怎麼看都覺得還有獲利的空間。

★ 遇到不專業的仲介跟代書，該怎麼辦？

每筆可以投資案件的背後，總是有一些問題要處理，我們要想辦法去解決，機會是自己創造的。

這個案件要處理的問題就是：

1.遇到不專業的代書。

2.動作很慢的仲介服務人員。

交易的過程中有一些不順利，但是解決問題的能力越強，你可以賺得錢就越多。

為什麼說這個仲介的動作很慢呢？

因為我們一旦看完房子之後，只要發現這案件是可以投資的，一定馬上出手，但是這個仲介很有意思，他本身看不出這

個案件的潛在價值，所以他沒有很快速的想要把這個案件結案。反倒是我們一而再、再而三的催促他，看可不可以趕快把屋主找出來談，越早結案越好，他反倒用很疑惑的眼光看著我，覺得我怎麼比他還要積極？終於在我三催四請的狀況下，讓他把里長找出來簽約，這個案件的情況是，仲介不知道這個案件的價值，因為里長持有30年了，加上里長也不懂這個案件的價值，只有我知道這個案件的價值。

所以不要認為仲介服務人員一定會比投資人還要懂，事實上有的仲介人員本身不是很專業，之所以他們有這案件，可能是因為他們跟屋主從小就認識，或者屋主是他們的好朋友，他們才有機會取得這個案子。

再來就是代書的部分：

那個時候，如果我自己不了解稅法的話，聽信代書的片面之詞，我可能會被課到非常重的稅金，那時代書一直說我大驚小怪，並且說如果沒有照我的要求去做，也不會怎麼樣……等等的話語。最後我還親自跑到他的事務所去跟他溝通，以免他沒按照我的方式去做，結果後來事實證明我比他還要專業。

有注意到一點嗎？每一個有利潤案子，都有一些問題要處理，只要其中有個環節有個陰錯陽差，本來可能會賺錢案件，如果沒有事先掌控好的話，賺錢的案子就變成虧錢。那要怎麼掌控呢？還是老話一句，把你的專業知識充足。專業知識是我

們利潤最好的朋友。

各位現在有沒有學到新的觀念，那就是便宜的案件，不見得一定是屋主缺錢。各式各樣的故事跟狀況都會有，往後會再跟各位慢慢敘述。

這個案件我把問題一一解決完之後呢？當然就是享受獲利的果實囉——最後這案子我用1020萬賣出，在繳完該繳的土地增值稅，財產交易所得稅之後，開開心心的把獲利納入口袋囉。

2-4　Case-4 晚5分鐘 少賺100萬

一個風和日麗的下午

阿志：「許大哥我們剛接到一個案件趕快來看！電梯10樓的8樓。坪數20坪，底價只要400萬。」

我：「水喔！30分鐘後現場碰面。」

那個時候還在做水泥工，我二話不說從正在工作的工地現場衝過去，我包包背著、支票帶著，跟我爸媽15分鐘之內就到現場。在現場看了一下，房屋方正、採光良好，沒什麼缺點，最重要的是價格也很漂亮。

在同時現場有另外一組投資客也在看房子，由於那個時候經驗還不是非常的足夠，所以那時我跟阿志說：「去頂樓看一下。因為習慣到樓頂上環顧一下四周的環境。」

看完之後下來跟阿志說：「斡旋單拿來寫一寫，我用支票下斡旋。」

於是阿志就開始著手寫斡旋單，這個時候阿志的電話響起來了，只見阿志說：「是，學長，了解，我知道了。」

電話掛掉之後，阿志一臉失望的跟我們說：「許大哥不好意思，剛剛那一組投資客已經付斡旋「達底」成交了。」

聽到物件已被下斡旋，表面雖然非常鎮定，但是真的非常

吃驚，心中吶喊著：「WTF！！！我不過上去樓頂再下來而已，這個案子就成交了？」（後來才知道那個投資客，是板橋很大咖的投資客。）

★ 晚上失眠無法入睡

當然制度是這樣子，我們也不能做些什麼，跟仲介說聲謝謝還有抱歉之後，就各自打道回府。回家之後我心中滿是悔恨、夜不能寐，足足有一個星期睡不好，不誇張；晚上睡覺的時候眼睛閉起來就是在想這個案件。因為我非常確認這個案件一定會賺錢，當時初步估計，這個案件至少可以賺80萬。後來我一直不斷地再追蹤這個案件。那個投資客從買進到成交賣出，大約花了四個月左右的時間，最後是以520萬金額賣出。

各位想想400萬買進520萬賣出，我的老天爺啊～～～！

我沒事去看什麼頂樓啊！這可是120萬呢！！

那種感覺就好像，已經把120萬放進你的口袋了，但是另外一個人走過來說：「誒——不好意思喔——這120萬是我的囉——，麻煩你乖乖交出來喔。」然後她把手伸進你的口袋，硬生生的把這120萬拿走，你卻不能做些什麼的那種感覺！所以只能默默的在心中留下男兒淚（血淚）。

從這次之後我就知道，有時候案件是不會等你的，即便只有差5分鐘，你也會錯過這個案子。

我這邊再提醒你一下，對行情沒有熟悉到一定程度的時候，不要學我們這樣子買案件。你確定有把握的時候，才可以去做這樣的動作喔。

2-5 Case-5 不合常理的要求，你要答應嗎？

一般房屋買賣交屋時間大約30天左右，如果今天對方要求3倍的時間，也就是90天才交屋，你會答應嗎？

半夜11點電話響起，電話那一頭傳來仲介朋友賴姐的聲音：「許先生不好意思這麼晚打擾，剛剛接到一個Apple案子在新埔捷運站這邊，要馬上來看喔！」

我：「是什麼樣的案子呢？」

賴姐大致上告訴我坪數、價格、樓層、地點，聽完之後發現價位明顯低於市價，大約在八成左右。

我聽完之後說：「沒有問題，10分鐘內到。」

各位讀者有注意到我說10分鐘內到嗎？因為這種就是所謂的秒殺案件，如果你沒有在第一時間趕到現場，別的投資客可能就會先出價，案件馬上就close了，電話放下之後，包包背著、支票準備好之後，接著就馬上出門。到了現場，上樓屋內繞了一圈，花了不到5分鐘，看了一下，大致上的狀況都沒有問題。

我：「賴姐，那我們現在就到你們店裡面去寫斡旋單吧。」（沒錯，大約5分鐘就可以決定要不要買）付完斡旋金之後，交由賴姐去跟屋主接洽。

★ 房子免費給人住，房貸要你付

賴姐：「許先生現在有一個問題，屋主那邊需要你的幫忙，三個月之後才可以交屋，也就是說房屋過戶完之後，要免費讓屋主再使用兩個月，這段期間的利息跟房貸你照樣要繳。」

各位請問一下如果是你們，你們的答案是什麼？？

「什麼！？還得要給他們住免錢兩個月，這種事老子可不幹！」如果有這樣的想法，那你就大錯特錯了。我怎麼回答呢？

我：「賴小姐，請問一下是什麼原因呢？」

在一開始要投資房地產的時候，我還會蠻好奇的想要了解仲介到底怎麼跟屋主說，為什麼屋主要賣這種價格？但是到了後期已經不想特地去了解原因？我只要知道價格有沒有好到我想要的就可以了，房子有沒有問題，其他的部分不太需要跟我報告，因為對我來說那些都不是重點。

於是乎賴小姐就講了一大堆，balabalabala……，其實我根本就沒有仔細在聽，她說完之後隔不到10秒，

我就回應她：「OK！！三個月沒問題。」

一般的買方根本就不可能會去答應這樣子的條件，但是之

所以我會答應這樣子的條件，有幾個考量：

第一

對方態度很好，仲介態度也很好，如果你很爽快地就答應，仲介會不會覺得你是個A咖投資人？你有沒有讓他難做人？你是不是也在幫助他讓這筆生意成交，讓他好做事？

結論：就是當一個爽快的投資客。

第二

說實在的，這種案件，如果你不答應這個條件，相信我30分鐘之內，就會有另外一個投資客把他承接走，你之所以可以取得這個案件，是因為你培養了你的人脈，再加上你的專業程度夠，所以才有辦法取得。保守估計這個案件會有100萬的利潤，100的利潤vs2個月的利息，再傻你也要答應他啊。

結論：要賺大錢，就不要斤斤計較小錢。

第三

基本上你只要請代書把合約寫詳細一點，現在的合約制度、交易流程、買賣雙方的保障，都已經相當的完整以及公開透明，完全不用擔心這筆買賣有什麼問題，訂金付下去之後，假設這筆買賣出了問題，我還可以拿到雙倍的訂金賠償，等於什麼事都沒有做，就可以賺到錢了，所以我一點也不擔心。

結論：「專業程度夠，就不用擔心害怕。」

隔天早上就把這筆買賣給敲定了，後來屋主大概只用了兩個月左右的時間，就把事情處理完，所以我們兩個月左右就拿到房子。

拿到房子之後我們決定不整理，因為這個案件地點很好，可以隔成套房收租或其它用途，希望讓下一個買方去發揮他的需求，所以我們稍微清潔以及油漆之後，便開始銷售。

銷售過程沒有什麼太多問題，因為地點很好，而且房子本身的條件也很好，所以大概三個月左右這個房子就賣掉了，後來扣掉所有的成本以及繳完給政府的稅金之後，獲利約120萬，比我估計的多了20萬的利潤。

所以不合乎常理要求的案件，甚至讓你感覺起來好像有問題的案件，只要你夠專業，反而是藏有豐厚的利潤在裡面，因為一般買方不太願意去接觸這樣子的案件，所以專業投資人這個時候就更有機會可以出手喔。

2-6 Case-6 不負責任的父親

★ 不能進去裡面看屋的房子

「許先生這裡有一間便宜的案子趕快過來看吧！」一如往常的在某一天下午，接到仲介朋友的來電，市價一坪大約40萬的地點，目前一坪35萬有機會買得到，現有價差大約150萬，聽到了當然是要馬上看這個案子。

仲介林兄：「國煜，跟你講一下地址，但是你只能去看外觀，沒有辦法到房子裡面看屋況喔。」

在經過詳細了解之後，這個案子是另一個屬於有技術性的案子，怎麼說呢？它有3個問題：

第一個

是關於產權的部分有一些模糊地帶，必須透過地政相關單位來釐清。

第二個

買到房子之後，要解決裡面有人佔屋的問題。所以算是還蠻棘手的一個案件，因為姑且不論他的產權已經有一些模糊地帶，更何況房子裡面還有人霸佔著不走。

第三個

當你買房子的時候，請問一下，你有沒有辦法只看房子的外觀，而不去看房子裡長得什麼樣子，就把這間房子買下來呢？因為你沒辦法看到裡面，所以你無從得知房子：

» 有沒有漏水？

» 房子屋況如何？

» 裝潢的如何？

» 採光好還是不好？

» 通風好還是不好？

大致聽完狀況之後，我就跟林先生說：「那就來寫斡旋單吧。」林先生寫完斡旋之後，當天晚上我們就約屋主出來見面談。

★ 不負責任的父親

好的！回到這個案件，這個案件的狀況是這樣。

房屋所有權人原本是媽媽，但是媽媽過世了。過世之前透過律師立下遺囑，要把房子留給他兒子，把這個房子直接贈與給兒子。

為什麼留給兒子，而不是留給爸爸呢？

因為爸爸是一個不負責任的爛人，從來都沒有盡過丈夫或

者是爸爸的責任。爸爸在兒子年紀還小的時候就拋家棄子，更誇張的是爸爸最後還帶著別的女人回去住在一起！！媽媽跟兒子在死心失望之餘，早就已經帶著兒子離開，兒子長大之後就去美國工作，媽媽因為念在過去的情分，所以心軟，還在世的時候並沒有把這房子給賣掉，兒子也尊重媽媽的意思，所以一旦媽媽離開後，如果你是兒子，當你取得所有權之後，請問一下你會怎麼做呢？當然是直接把它賣掉，把這爛人趕出去。

但是由於他的房子有這些問題，再加上他急著想要把這件事情處理好回美國，從他繼承之後到他回美國，只有一個禮拜的時間，這一個禮拜時間他必須要把房子給處理掉。請問一下，一般人有辦法在一個禮拜之內，就把房子給賣掉嗎？

所以這個屋主也很上道，他明白一件事，像這樣有問題的房子，要在這麼短的時間內賣掉，一定要賣得夠便宜。所以屋主也很直接，以低於市價150萬的價格銷售，這樣子的利潤當然是可以入手的了。但是由於安全起見，還是多多少少再繼續跟屋主殺一點價格下來。接著就請代書把合約內容寫好，註明我願意用什麼樣條件來承接這個案子！

好的。前半場結束。但是還有後半場要處理。

這個房子一般買方根本就不可能會買，怎麼說？

或許不能看裡面只能看外觀，還有人可以接受，但是要處理裡面有人佔屋的問題，可能接受程度會大大的降低。有的投

資人也沒信心去投資這樣的物件。

但是我們呢？

★ 第一，產權的部分

由於我們看房子的經驗非常多，所以我們大致上看了一下他原本的產權，大概花了30分鐘左右研究，就覺得這應該不是什麼太大的問題，只要後續再去跟政府做一些確認便可以了，當然還是有一定的風險，或許是通不過的風險，但天底下沒有白吃的午餐，投資的人自己要有這樣子的認知。「零失誤的投資方程式」中的實戰心法買屋篇「隱藏版的獲利」，這也是案件能讓我們賺到錢的關鍵。

★ 第二，就是佔屋的問題

這個部分，由於我們之前在做法拍屋的時候，已經處理過不少佔屋的問題，所以在這方面，我們也相當有一套經驗。每個人心中都有一個想法，心中都有一個結，你要想辦法去了解他們的想法，去打開心中的那個結，問題自然就解決了。不是像電視新聞報導的，每個案件都找兄弟，每一個案件都是黑道在處理事情，新聞媒體總是愛非常誇大的報導。

後來我們去跟裡面的爸爸，坐下來好好的商量，告訴他我們現在已經買到這個房子了，接下來應該要怎麼做？才不會傷

了大家的和氣，細節的部分我就不多詳談，但是後面是順利地請他離開，事情圓滿落幕。

★ 第三，不能看房子的問題

當看房子的經驗已經到一定的程度時，我根本就不需要進房子去看裡面長得什麼樣子，只要去看外觀、還有看價格，不用參考裡面的狀況，我就可以把房子買下來。

★ 這個案件取得的關鍵點在哪裡呢？？

第一，仲介朋友的經營。（人脈經營）

第二，房子如果只能看外觀，你有沒有把握？？（投資法拍屋的歷練）

第三，如果裡面有人佔屋，你有沒有把握處理好？？（談判的技巧）

透過經驗的累積，這些對我們來說都不是問題，所以我也希望有興趣投資不動產的朋友，也可以透過學習成為一名優秀投資人。一般來說買房子的時候，大家都希望交易流程平安順利，房子不要有任何問題，有問題的房子大家都是敬而遠之，用手刀的速度逃走。但是我們就不一樣，有問題的房子對我們來說，就是有利潤的房子，所以這也是另外一個為什麼投資客

可以賺到錢的原因。

　　所以要記住一件事情，只要你有本事，只要你解決問題的能力越大，就可以從解決問題裡面賺到錢。

　　所以有問題的案件，**不要一聽到馬上就搖搖頭逃走**，反倒是要冷靜下來判斷所有的條件，風險、投資報酬、可以處理的方法，這樣子或許你就可以從有問題的案件裡發一筆財囉。

2-7 Case-7 不用做事，也會有錢自動流進口袋

在各式各樣的投資當中，創造現金流是我很喜歡的一種投資，它不像資本利得的速度快，但是風險相對也比較低。對於我來說，什麼樣的投資方式，我都喜歡去嘗試看看。

這個案子位於中和，約用市價的八折取得。由於這個案子它是屬於邊間的產品，所以用來規劃套房非常漂亮。買入的金額約莫800萬元，坪數為35坪，裝潢費用約為180萬元，仲介費加上其他的稅金約為20萬元。

這個案件最後規劃隔成6間套房，

每間套房的租金為1.3萬元，

每個月的租金收入1.3萬*6間＝7.8萬元，

等於每年收租約為7.8萬*12月＝93.6萬元。

總費用為：

800萬+180萬（裝潢費）+20萬（仲介費+其他）＝1000萬元

所以這個房子的投資報酬率如下：

93.6萬÷1000萬＝9.3%的投資報酬率

800萬元的貸款利息約為1.3萬元/月。

7.8萬-1.3萬＝6.5萬

也就是說，我每個月還有6.5萬元的租金收入。

這個案件建立好之後，不管我在做什麼，我的房子都會幫我賺錢，晚上睡覺的時候，出國旅遊的時候，跟家人出去玩的時候，我的房子都很認真的、沒有怨言的在幫我賺錢，而且每個月都不會被歸零。

★ 出國玩，收入照樣源源不絕

租金是一種非常穩定的收益，在出去玩的時候，或者是沒有工作的時候，我不用擔心下個月錢從哪裡來。租金雖然不像資本利得可以快速累積財富，但是對已經有一定資產的人，投資這樣的配置，拿部分金額去做資本利得，部分的金額去投資這種收益型的產品，這也就是我可以每年出國4到6次的原因之一。

各位讀者去想一件事情，6.5萬元一個月，是很多中高階主管的薪水了。雖然前期的案件找尋不易，施工過程也不容易，也有很多細節要注意，但是一旦你建置完成之後，就等於養了一個，非常認真而且不會跟你要求休假的員工，他不會跟你鬧脾氣，不會跟你斤斤計較，時時刻刻默默的在幫你賺錢，而且日後如果房地產增值，賺到的收益又更多，是一種進可攻退可守的投資模式。在「零失誤的投資方程式」中投資套房心法，有一個章節專門在講套房投資的密技，從找案件到規劃都有完整介紹，就算是沒有任何經驗的新手，一定也可以輕鬆了解。

2-8 Case-8 姐姐這樣做，房子多賣100萬

在某年的六月。

姐姐：「國煜，我的房子要賣，你可不可以幫我看一下？」

我：「好啊！那有什麼問題呢。你們想要賣多少錢？」

（我先了解一下，我姐對他們家附近的行情認知如何？他們心中想要賣的價格又是多少？）

姐姐：「我跟你姐夫商量過，我們覺得我們想要賣850萬。」

我：「好的，我來幫你研究分析一下。」

那個時候，我姐完全沒有想到，在不動產上內行與不內行，代價是100萬。接著我跟父親一起去他們的社區繞了一圈，然後請姐姐把權狀拍照傳給我。他們的房子是在一個電梯社區的12樓，外加一個停車位。

接著我把附近所有的房屋仲介店頭，都拜訪了一遍，跟他們聊了一遍。為什麼要去做這個動作呢？在「零失誤的投資方程式」中的實戰心法（開發篇）裡面有提到。回去之後，我就開始著手於把附近所有的相同類型產品、成交行情、坪數、樓層高低、地點、開價、總價……等等等全部資料都研究了一

遍。

完成資料調查之後，就跟他們講：「你們的房子至少可以賣950萬。」

只見姐姐、姊夫他們眉頭一皺跟我說：「有可能嗎？我們當初買才500萬而已，950萬不太可能吧……。」

於是我笑笑的說：「不然我們等著看。」

接著我就開始著手於佈線，開始跟一些仲介配合、寫文案上廣告，過程當中有幾組客戶有打電話來，但是都被我篩選掉。後來我發現有一組客戶需求非常強烈。要怎麼樣發現他的需求強烈呢？？等你多交易幾次之後，從一些小細節，就可以判斷出買方或賣方心裡真正在想什麼。這跟你談判的經驗跟技巧有關係。

★ 相信專業，並且堅持到底

後來這一組買方出現，我的直覺就是這一組會跟我們購買，我姐姐、姐夫他們要的價格是850萬，而我建議的價格是950萬，所以我請房仲開價在1150萬。

果不其然，買方看完之後，就直接跟我們出價900萬，當時跟買方聊了一下之後，很客氣地回絕了他。並且跟他說：「我們希望的價格是990萬」，於是就請買方回去考慮一下。

當時姊夫跟姊覺得非常訝異，就跟我說：「國煜，這個價格應該要賣了啦。我們原本只要850萬，買方現在已經出到900萬，我們已經覺得滿足了。」

但身為專職投資人的我，怎麼有可能看著自己的姐姐、姐夫賤售他們的資產。於是我又笑笑的說：「姐姐、姐夫不要急，相信我，再等一段時間。」

中間當然都是透過我跟買方談判，他跟我談的越多，我就越知道，要怎麼樣跟他交手，買方還是堅持用900萬買，我還是一樣客氣的拒絕，後來買方跟我說：「好吧！如果900萬你們不賣，那我就不買了！」

於是買方接下來幾天就真的沒有再繼續跟我聯絡。當時我姐姐跟我姐夫覺得有點可惜，我就跟他們說：「沒關係，相信我，再等一下。」

一個禮拜過後，各位猜猜發生什麼事？沒錯，就是買方又打電話來了。他告訴我：「許先生，我這邊最高950萬，再上去，我真的不要了。」

於是我不疾不徐地回應他，我就說：「好吧，X先生，我來跟我姐姐、姐夫商量一下，看他們是不是願意用這個價格賣出。」

後來再利用一些小技巧，在跟買方做了一些拉鋸，最後，

成交的金額扎扎實實地落在我建議的950萬上面。

★ 會不會賺太多了啊？！

在這談判往來的過程中，姐夫說了一句我覺得很訝異的話。姐夫：「國煜啊，這樣子會不會賺太多了啊？」

因為過程當中，他們覺得價格已經到他們想要的價位了，為什麼我還是要他們等呢？在我的觀念裡面，**我們心中認定的價格是一回事，而市場上真正的價格又是另一回事。**

再者如果今天我把他們的價格，賣得比市價還要低，當下或許房屋賣掉，很開心不會想太多，但是如果事後有空再回想起來，發現你身為一個專職投資人，卻把我的房子賣得比市價還要低，還好意思說自己是什麼專職投資人啊！？這不是砸了自己的招牌，也笑掉別人的大牙嗎？你把自己人的房子，賣得比市價還要高好呢？還是賣得比市價還要低的好呢？？答案自在人心囉。

★ 只做了簡單的動作，就多100萬在口袋

今天我姐做了什麼事情，然後她的房子就多賣了100萬？？

第一，她打了一通電話給我，他找到我來幫她處理。

第二，她相信我的建議，她們相信專業人士的建議。

聽起來有沒有很誇張，就這樣簡單的兩件事而已，他們的房子就多賣了100萬。俗話說的好「術業有專攻」，不動產買賣是人生大事，金額龐大，所以在做決定之前，一定要尋求專業人士的建議喔。

2-9 Case-9 超多問題的案件

★ 兩戶打通＋貸款＋稅金＋鑑界＋隔間＝大問題

2016年底，張小姐報給我一個，她正在運作的口袋案件訊息，案件位置在三重中華路，那一帶的房價在那個時間點，公寓行情大約是28萬/坪左右。當時屋主開價一坪28萬，我聽完沒有什麼太大的興趣，後來張小姐再進一步釋放出更多的訊息，這個案子有機會可以19萬/坪買到，聽完我整個眼睛都發亮了，當然要趕快來了解一下是什麼情況。每一個可投資的案件，背後都有一堆問題要處理。

經過研究，在那一帶平均可以接受的房屋總價，約莫在800萬元左右，可以接受的坪數也約在25坪～30坪左右，所以就像我所說的，一如往常可投資的案件都有一些問題，這個案件的問題就是：

★ 第一，這是一個二合一的案件（坪數太大）

所謂二合一的案件就是，「兩戶打通成為一戶」，每一戶的坪數有32坪，所以兩戶加起來總共有64坪。並且這是頂樓加蓋案件，全部蓋滿，本來頂樓加蓋且全部蓋滿是加分，但是這個案件對賣屋子來卻講是扣分，為什麼會是扣分？？。

房子總坪數64坪X 28萬（開價）＝1800萬

所以房子的開價是1800萬元，還記得我剛剛說的嗎？ 當地可接受的價格是800萬元，1800萬比當地可接受的價格多了1000萬元。

★ 第二，格局異常

一個32坪的房子正常的格局會是，3房3廳2衛+前後陽台，所以正常的2個32坪，等於就要有6房4廳4衛。但是由於屋主他們把房子的格局，改為64坪大的房子只有「3大房2大廳2個衛浴設備」。

所以如果買到之後，必須要把裡面的格局全部都打光光，恢復成為原本的3房2廳2衛X2組。不是只有這樣，還記得樓上有加蓋嗎？還有包含樓上也要把格局恢復，所以總共有128坪的空間要去恢復，這裡大家可以估計一下128坪的空間，全部打掉，在全部重新隔回來，這樣的裝潢費用要花多少？？

★ 第三，鑑界

要把兩個房子中間的牆隔回來，這個部分要請地政事務所安排做鑑界，因為這個案件買下來之後，一定不可能照著原本的格局下去賣，所以一定要分成兩戶來賣，但是牆壁到底隔回來的中心點在哪裡？一定要透過地政事務所請專業的人來做，以確保下一個買方的權利，不能一邊大、一邊小的情況產生。

★ 第四，貸款會有問題

雖然房子現在是當作一戶在使用，但依權狀來看，還是有兩個門牌號碼。當銀行來估價的時候，看到房子裡面的情況，由於房子的格局不是正常的格局，所以估價的部分可能會估的比較低。

然後如果要買這個房子，必須要用兩個人的名義來買，因為如果用一個人的名字來買，就等於是一個人買兩間房子，這樣的話，第二間房子的貸款會非常的低。在「零失誤的投資方程式」中，提到如何「**跟銀行打交道**」的方法，對這個案件有很大的幫助。

★ 你有被嚇到了嗎？

各位看到這邊，有沒有覺得問題重重呢？？你覺得我有被難倒嗎？？一般的買方根本就沒有辦法去買這樣的房子，要處理這些問題，光想就被嚇到了。但在我的眼中，沒有不能買的案子，只是看你怎麼規劃，讓這個房子幫你賺錢而已。

★ 換個方向走，結果大不同

於是我馬上著手，跟喜歡隔套房的朋友進行討論，接著請張小姐帶我們去看房子。非常理想的是，這個房子採光很好，這樣子的案件最適合隔套房啊。

光是這一個案子，就可以隔16間套房，初步的規劃沒有什麼問題之後，就出斡旋請謝小姐去議價，議價的你來我往過程，我就不多說了，最後這個案子成交金額為1350萬元。

　　我們把上面所說的問題，全部都解決之後，我們花了500萬元裝修工程，請我們常常配合專門在做套房的工班，隔16間的套房，每間套房的租金為1.3萬元，收租多少就請你們各位自己去算囉。16間套房我們大約花1.5個月的時間就全部滿租，這樣算一算我們的裝潢費，在2年之後就可以全部賺回來，所以又是一個自動、每個月會幫我賺錢的案子。

　　過程中雖然有很多的問題要處理，但是處理完之後，你就會覺得一切都是值得的。在「零失誤的投資方程式」中，投資套房心法有一個章節，專門在講套房投資的密技，從篩選案件到規劃都有完整介紹。

2-10　Case-10　出去逛1小時買了一間房回來

故事是這樣子的，在某個風和日麗的下午，我拿起電話撥給我父親：「老爸，現在附近好像沒有什麼案子可以買，要不要來去看看其他的地區呢？？」

老爸：「好啊，反正也沒什麼事好做。就來去逛逛仲介店頭，認識新的朋友也好。」

於是我們就騎著摩托車往土城出發，我們去了信義房屋、永慶房屋、然後來到了東森房屋，到了東森房屋之後，有位汪小姐出來幫我們介紹，雖然說第一次碰面，但是可能磁場合，所以聊得還蠻投緣的，我們就告訴她：「我們想要投資土城這邊的不動產，之前的主要區域都在板橋、中和、永和，現在想要擴大投資地區，所以先從板南線捷運沿線看過來」，於是大家就坐下來聊土城最近的房價狀況，土城的生活機能、未來的發展性、未來的重大建設……等等，

★ 突如其來的機運

聊到一半的時候，汪小姐的電話響起，從汪小姐的電話對談當中，聽起來就好像是同事有接到一間還不錯的新案件。

電話掛掉之後，汪小姐就說：「許先生，我同事剛剛新接到一個案件，是可以投資的案件，你要不要評估看看？？」

　　既然都已經到這裡了，我的回答當然是：「當然好呀！」，於是汪小姐大致上跟我們說了一下這個案件的坪數以及價格，那個時候海山捷運站周邊電梯華廈，大約成交的金額落在38萬左右，這一個案子的價格，平均換算下來大概在30萬左右，接著就請汪小姐把房屋的資料謄本準備給我看，看完之後認為沒有什麼太大問題，我們就馬上付斡旋金，直接達到屋主想要的底價，就把這個案子給close了。

　　回家之後我媽問道：「你們兩個今天下午是去哪裡？」

　　我：「我跟爸下午出去逛了一圈。然後就不小心買了一間房子。」

　　「什麼？！」老媽：「那是什麼樣的案子說來聽聽。」接著老爸、老媽還有我三個人，開始討論這個案子，後續需要準備哪些事情，大概目標客戶群是誰，要整理還是不要整理……等等。

　　這個房子的坪數是25坪，每坪的價差有8萬元，後來這個案件一年左右賣掉，各位讀者計算機自己按看看賺多少錢。

　　我之所以要說這一個案例，主要的重點有幾個：

★ 第一，不能故步自封

就是我們不能故步自封，我們要想辦法將自己的投資觸角往外延伸，這樣才有更多機會，但是要建立在你原本熟悉且已經駕輕就熟的區域，再將自己的投資觸角往外延伸才是對的。

★ 第二，讓自己多曝光

做投資不是坐在家裡就會有人介紹案件給你，做一個專業的投資人，辛苦跟努力的程度，絕對不會比一般的業務人員要來的少，風險也來得高。所以一定要多出去認識新人脈和新朋友，這樣才是一個專業的投資人。如果今天我跟我老爸沒去土城的仲介店頭逛逛、收集資訊、交換名片，這個案子也不會第一手就到我們的手中了。

★ 第三，鴨子滑水

土城區當時對我們來說，是還沒投資過的區域，那為什麼我可以一下就把這個案件給買下來？其實我已經鴨子划水一個月了，這一個月期間我把土城區所有在賣的房屋資料，在網路上全部都看過了一遍。然後我還只鎖定精華地區，除了這個地區以外的地方不買，當精華地區出現一個非常便宜的案件時，因為前面已經做了一個月的功課，一定會有相當的敏感度，你會發現這個價格落差很大，但是表面還是要裝著輕描淡寫；同

時也要抱著無欲則剛的心態去看這個案件，以免賣方或者是仲介人員發現你想很要的心態，那樣，你就沒有那麼容易，順利成交到這樣的好案子了。

　　所以結論就是：「要多出去走動，幫自己創造更多的機會點。」

2-11　Case-11　吃虧就是占便宜

★ 我付6%服務費給仲介

對房屋買賣交易流程有一定基本了解的人，就會知道基本的一些規則。

（一）買賣時候付仲介服務費：一般來講，買方要付2%，賣方要付4%，買賣雙方加起來最多不能超過6%。

（二）再來，如果房屋有漏水的狀況，一般要請賣方處理好。

某天下午電話響起，電話接起來的那一端，仲介小光說著：「許大哥有投資案件，請你評估喔。」

我：「好久不見了，小光終於想起我啦！」

小光：「許大哥幹嘛這樣說，我這不就打電話給你了嗎。」

這個案子是這樣，屋主是一對姊弟，由於年紀已經大了，所以不想住在爬樓梯的公寓，想要把房子賣掉，換到電梯大樓。由於房子的狀況非常糟糕，漏水非常嚴重，看完房子之後，小光把我拉到一旁去說：「許大哥這個價格算是很便宜，但是現在有一些問題，就是屋主他不願意付我們仲介任何一毛錢服務費，所以許大哥這邊可不可以幫幾個忙？？」

小光說道：

「第一，仲介費6%，可不可以完全由你們來支付？」

「第二，還有另外一個要求，屋主他們不願意處理漏水的問題，所以要你們自己去處理。」

我眉頭一皺。略有所思的想了一下跟小光說：「我跟我的夥伴商量一下，晚一點給你答案。」

請問各位如果是你，你會答應這樣子的條件嗎？不管你們的答案是什麼，**我的答案是「看價格」**。回去之後我就馬上啟動我的獲利計算機模式，這個案子依照我的估價，整理好之後的價值約莫落在800萬，現在屋主他們650萬要賣，大概已經接近市價的八折，整理好之後大約還有80萬到100萬左右的利潤，所以其實心中我早就已經有答案，但是就像我在所有的章節裡面提到的，能夠便宜一點是一點。

於是乎我就打電話給小光說：「小光服務費的部分我們討論過了，沒有問題。晚上出來見面談，價格的部分，希望你們能夠幫我盡量談就盡量談。我希望你可以幫我談到我想要的價格，畢竟我出了全部的服務費用OK？」

請問一下這個時候你是仲介，你會不會覺得很開心？因為這一個投資客非常的阿沙力，不會囉哩八唆太多。一般的人根本就不會答應這樣子的條件。所以如果你是仲介，會不會認真

的去幫我談價格？？因為你已經幫他解決他最大的困難了，但是有的投資客還是會計較這種事情。

★ <u>吃虧就是占便宜</u>

晚上約出來見面談，毫無懸念的當然就是把這個案件給close，各位猜猜最後是多少錢成交呢？

原本屋主要賣650萬，650萬的服務費的6%是多少？

650萬X6%＝39萬

最後小光很用力的幫我把價格談到600萬成交，也就是說比原本還要少了50萬，所以仲介服務費為：

600萬X 6% ＝ 36萬

所以砍下來的50萬-36萬＝14萬

等於我的仲介費，小光幫我殺價後省了下來不打緊，還倒賺了14萬。各位看到了嗎？原本看似屋主佔盡便宜，仲介也佔了便宜，但是在我們阿莎力爽快的答應之下，其實最大的贏家是我們。

★ <u>最後面形成三贏的局面</u>

（1）屋主拿了他們的錢，去過他們的退休生活，不用煩惱

要怎麼翻修房子，再把修繕好的房子交給我們。

（2）仲介賺了飽飽的、沒被打折的服務費。

（3）我賺到了資本利得。

所以，如果遇到特殊狀況的物件，記得要不動聲色地在心中盤算，到底要怎麼做才是最有利的局面，記得多利用一些這種小技巧，做一個讓仲介會持續報你案件的A咖投資客，讓你成為他們心中的A咖投資客。

筆記

第三篇

投資心法策略篇

3-1 投資前，必懂- 認識產品

一般人若想要投資房地產，到底要從什麼地方開始著手呢？

像是土地、廠辦、商業的辦公室、店面……等等，這些產品我就不贅述，因為這不是我們一般人有能力去投資的產品。

首先；讓我從最基本的開始，我偏好的不動產，也是大部分人可以投資的起的產品，又分為哪些產品？

★ 1.公寓

最簡單的區分，沒有電梯的房子，一般來說大概四到五層樓。

優點：是沒有公設、坪數實在。

缺點：是沒有電梯、沒有管理。

是許多投資客喜愛的產品，因為可塑性高，塑造完成之後，可以獲取較大的報酬。

★ 2.社區大樓（住宅大樓、住商混合大樓）

優點：有電梯、有管理員、有公共設施、高樓層還有風景。

缺點：住戶數量多的時候變複雜，每個月還要有額外開銷（管理費）。要施工的話要透過管委會。但是這些都不是什麼大問題，都可以解決。

住宅大樓定義：10層樓以上，有電梯及管理員，每月需繳管理費，都會區的住宅大樓，容易產生住宅辦公混合，出入的人變複雜，安全問題較不易掌控，還有更甚的如開立餐飲業，容易汙染生活空間，影響生活品質。

★ 3.電梯華廈

我個人認為是CP值最高的一種產品。因為他的使用空間很實在又有電梯。只可惜這樣子的產品已經很少再生產了。

華廈定義：為10層以下樓層，並擁有電梯的集合住宅，華廈的公設比起大樓便減少許多，屋齡介於公寓與大樓之間。大部分華廈，比較不會有許多公共設施，所以公設比大多介於13-25%，但基本的地下停車場應該都會有。

★ 4.透天厝

台灣最早的房屋型式，目前這種類型的房子已不多見。

優點：自主性高，沒有鄰居的問題

缺點：通風採光欠佳、平面規劃也較零亂。

★ 5.套房

　　需注意整體管理和周遭環境，住戶最好不要太多，並注意是否有不法行業介入。通常小套房多半位於辦公商圈和市區，接近交通設施旁如捷運系統。

　　以上就是最基本的認識，有了基本的認識之後，你要去思考的就是你的投資方向是：

　　（短期？　中期？　長期？）

　　你的目的性是什麼？

　　（自住？　投資？　置產？）

　　想賺取的又是什麼？

　　（現金流？　資本利得？）

　　確定上面的目的之後在來選擇產品。

★　如果選擇做「短期」的買賣：

　　可以選擇公寓、大樓、電梯華廈、透天。

★　如果是做「中期、長期」的套房隔間收租：

　　公寓、透天、華夏（有機會），若想隔套房收租的話，社

區大樓把它排除在外。因為現在的電梯大樓都有住戶公約，還有管委會，大概99%有管委會的電梯大樓，不會讓你隔成套房收租。不過如果你是自己偷偷隔的那就另當別論了。建議還是不這樣做，因為不會有好下場的。有關於產品認識的更多細節，在「零失誤的投資方程式」基本功房產入門篇裡，另外做詳細的介紹。

3-2 投資前，必懂- 搞懂自己的屬性

不管做任何投資前，請你先搞清楚，自己到底是屬於什麼樣的投資人？？

如果現在還不知道也沒有關係，透過時間以及案件的淬煉，會慢慢發現你自己是屬於什麼樣的投資人。但人的屬性會變，現階段可能你是屬於積極型的投資人，並不代表往後你永遠都是這樣子的投資人。

為什麼要先搞清楚自己的屬性呢？？

在開始的時候，就可以鎖定你要投資的物件跟方向，這樣會比較輕鬆。因為市場上的產品很多，投資的方法也非常多，如果沒有評估自己本身的屬性，不只會找不到方向，幫你找案件的仲介人員，也不知道怎麼幫你找案件。

那要怎麼區分自己的屬性呢？？這要看：

目前你有多少錢？？

這些錢對你來說有多重要？？

你想要做短期的投資？？

還是中長期的投資？

然後這裡拜託你一件事，拜託你不要跟我說「都可以」，因為都可以，對我來說就是都不可以，因為短期跟長期投資的

風險還有方式完全不一樣。短期的投資講求的是快速獲利，相對的換回來的也是比較大的風險。長期投資講求的是穩定，所以回報並沒有像短期投資這麼高。

沒有人喜歡輸的感覺，但是絕對不要認為你的投資100%會賺錢，如果你用100%要賺錢的心態去做投資，我相信沒有人想跟你配合，因為你的觀念不正確，在投資市場天底下沒有保證的事情。如果你要保證的話，麻煩你把錢存在銀行就好。再來：

你是屬於積極進取型？

還是穩定獲利型？？

★ 如果是屬於「積極進取型」

那就想辦法放手去衝，用最快的速度、最少的資金，賺到最多的錢，但是要承受最大的風險。

★ 如果是「穩定獲利型」

那就可以不疾不徐找好要投資的標的，再從這個標的裡面去創造穩定獲利。

最重要的就是，如果你沒有搞清楚自己是什麼屬性的投資人，你浪費的不僅是別人的時間，更重要的是你浪費掉自己的時間，還有許多的投資的機會。

3-3 投資前，必懂- 要賺取資本利得？還是穩定的現金流呢？

其實這兩個選項都沒有對錯，完全要取決你現在是處在哪一個位置。

（A）如果你已經累積到一定的資本：

你不想要過著非常忙碌的生活。

你不想要到處奔波去找案件。

你不想要到處去跟仲介跟銀行打交道。

你想要透過你的錢來幫你賺錢。

你想要追求的是穩定的獲利。

那當然一定要選擇現金流，但是現金流的投資，在房地產就分為好幾種，每一種可以獲得的報酬率不同，**年報酬從4%到30%都有**，這個意思就是說，假設你有1000萬，每年可以產生的現金流收入，從40萬到300萬都有。

（B）如果你現在本身沒有太多的資金，並且想要快速的累積資金，那資本利得就是你的最佳選項。

但是資本利得相對的一定會比較辛苦，你要去尋找案件，累積你的人脈，累積你的資源，還要跟各式各樣的人打交道，學習非常多的技巧跟知識，要熟悉投資區域的行情，要隨時隨

地的出現在可能可以投資的案件現場。

通常資本利得的投資報酬率，**大約落在30%到60%**，也就是說假設你投入100萬，一年左右可以賺30萬到60萬不等。但是市場競爭非常激烈，所以相對的要付出非常多的時間，甚至很多時候你付出了時間，不見得會有回報，或者常常會有煮熟的鴨子飛走了等等……各式各樣的挫折出現，不像現金流收益，一旦建置完成就不用那麼辛苦，每個月等錢進來就好。

★ 所以對結論就是：

對於沒有資本，但是有較多時間的人：

就是利用時間來找尋機會跟高投報率案件。

對於有資本，但是沒有時間的人：

就可以採用現金流的策略，相對之下比較輕鬆。

對於你又有錢又有時間的人：

那就是要去分配你的時間跟你的資源，在這兩塊收益上，可以平均分配，這樣也可以分散風險。

3-4 投資前，必懂- 如何規劃投資財務計畫

★ 有多少錢做多少事

　　財務規劃簡單的說就是：「有多少錢做多少事」。房地產投資分非常多種方式，到目前為止最高境界是「可以不用拿出資金，就可以做投資！」是不是很厲害阿？

　　但是……就像嬰兒學走路一樣，如果你不知道要怎麼爬，就不要去想要會跑或是怎麼跳，甚至是翻跟斗或是表演特技。

　　所以對一個初學者來說，想辦法不管是存錢、或是集資，然後如果你的運氣真的非常好，遇到一個投資房地產的老手，願意拉著你一起做投資，或許你有機會可以不用拿出錢來就可以買到房子，那自然是最理想的。但是在茫茫人海當中，在競爭激烈的市場，你要遇到這樣的機會非常少。

　　為什麼？

　　1. 因為憑什麼別人要拉著你一起賺錢？

　　2. 他能信任你嗎？

　　3. 你可以信任他嗎？

　　要產生這樣的條件，需要一定的時間，培養一定的默契，才有機會去做這樣子的配合。

言歸正傳，來討論一下初學者財務規劃的部分，有幾點需要評估：

» 第一點：

你想要投資什麼樣的產品？

（當然只能視你手上擁有的資金大小而定。）

» 第二點：

當你買了這樣產品之後，你每個月要付出金額是多少？

（A）如果只支付「利息」的情況下，每個月要支付多少錢？？

（B）如果支付「本金+利息」的情況下，每個月要支付多少錢？？

» 第三點：

要去計算

最好的狀況是什麼？

最壞的狀況又是怎麼樣？

» 第四點：

你的信用狀況良好嗎？

舉一個例子：

假設你今天手上有300萬的資金，請問一下你能投資多少價位的案子呢？

答案：能投資價位大概在700萬到800萬左右的案件。為什麼呢？？

當你買入一個25坪，總價700萬的案件，假設你的信用狀況良好，當你買入時銀行可以貸款給你成交價的8成，所以你要拿出2成自備款。

700萬*20%＝140萬

然後「仲介服務費」+「代書費」+「稅費」+「其他交易費用」，買入的時候，大約要抓20萬左右。在這裡提醒各位，**計算成本是一件非常重要的事**，在「零失誤的投資方程式」中基本功裡的買房成本中，有淺顯易懂的成本計算模型，可以幫不了解如何計算成本的人，清楚的呈現所有細項。

最後；整理房子的費用，25坪先抓80萬（已經是很便宜的價格）。所以

140萬（自備款）+20萬（服付費+雜費）+80萬（裝潢）＝240萬

300萬-40萬＝60萬（剩餘）

那你會說：「我還有多60萬。」

說得沒錯。但是如果我們把錢用光光，那我們拿什麼去付利息或是本利？

所以60萬是我們必須預留要來支付利息、或者是本金加利息的錢，不可以全部用光光。

★ 能夠只繳利息，就不要去繳本金

我這邊強烈的建議如果情況允許，盡量不要去還本金，我們做投資的人，本金是非常珍貴的，**本金出去就是要賺錢回來**。因為反正到最後房子會賣掉，所以我們只要繳利息就好。但要如何一直讓銀行肯讓你只繳利息？在「零失誤的投資方程式」中也會提到我的訣竅。**如何輕鬆讓你成為銀行眼中的A咖客戶**。

所以假設700萬的案件，那房貸的8成就是560萬

（A）如果只繳利息：

30年期銀行房貸，年利率2%。

每月需支付金額：560萬*2%/12月＝9333元/月

（B）本金+利息一起支付：

（網路上有很多可以試算的網站，我這裡不細說，google搜

尋房貸試算就有了！）

每月需支付：26000元/月

各位看到了嗎？繳一個月的本金，就可以讓我繳三個月的利息，所以如果要做投資的人，一定要非常明白一個觀念，那就是要想辦法，利用別人給我們的資金做事。

就是這樣一個非常簡的觀念，同樣一筆資金，交本金只能撐過一年，只繳利息可以撐三年，這個部分很重要，如果你拼命地交本金，到時候你把現金全部用完了，或是臨時有需要用錢的時候，或繳不起的時候，你該怎麼辦？？

所以同樣在做投資，當你一年就把珍貴的本金用完了，別人卻還有兩年可以撐，是不是差很多？？

我們在做投資的時候，你的本金千萬不能把它用到極限，一定要想辦法規劃跟思考，如果最差的情況發生了，會是什麼樣情形？？這不是要你看衰自己的投資，而是如果我們不這樣規劃，一但有狀況發生，你就Game Over了，所以我一向都是這樣規劃。如果你不做風險控管，凡事只往好的方向去幻想，其實那只是自己騙自己，千萬不要做這種傻事，因為計畫永遠跟不上變化。

各位讀者看完這部分，是不是覺得只要觀念通了，就很簡單呢？

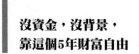

3-5 投資前，必懂- 慎選吸收知識、資訊的管道

還記得剛開始投資不動產的時候，只要電視新聞或者是網路新聞有什麼樣的資訊我都會去吸收，一開始因為什麼都不懂，所以只要電視上說的我都會信以為真。但是等到你真的在市場上執行的時候，就會發現怎麼「某些人」講話，吹牛不打草稿。我已經忘記什麼時候開始，就沒有再看電視，現在我連第四台都剪掉了，因為電視媒體太多垃圾資訊，**如果你吸收了太多垃圾資訊，會影響你對市場的判斷準確度。**

每當聽到這些人又在說一些很誇張（唬爛）的事情，就會很生氣，我生氣的原因，是因為他們說話不負責任，進而影響到很多準備購屋規劃的年輕人，因為聽到他們的言論後，若原本就沒有打算購屋的，那還沒關係，但是有打算購屋的年輕人，往往聽到媒體錯誤的訊息，卻沒有做正確的購屋規劃，甚至誤導他們，造成他們的傷害，就非常不應該。

各位讀者你知道5年前的屋子，跟現在的價格差多少嗎？

至少差了80%～100%，也就是說原本500萬的房子，現在可能要800萬到1000萬，但是年輕人寶貴的時間已經過去了，時間可以退回從來嗎？

不過話說回來，對於「這些人」來說，他們才不會管你的人生規劃、財務目標發生什麼樣的變化，因為不關他們的事，收視率是最重要的，標題越嚇人、內容越聳動，只要有收視率就好，所以在這邊奉勸各位**不要看電視做投資**，因為他們都在講天上的話。

3-6 投資前，必懂- Location Location Location 關你什麼事？

到底投資不動產時，要投資在精華地段？還是次級的地段呢？

這個問題非常好解決，我們常在聽別人講Location Location Location，不可否認地點非常的重要，但是再回到我一直在強調的一個重點，依照你的需求跟你的目的，去判斷地點到底重不重要。

忠孝東路四段地點好不好？？

答案一定是非常好，但是如果你「沒有足夠多的資金」，地點再好跟你有什麼關係？？

想要做投資就要非常清楚，你現在的位置（等級）到底在哪裡？如果你現在手上有1億，那我可以跟你說，地點真的非常重要。但是你如果手上只有300萬、200萬、甚至更少，你看到再好的地點也沒用，你永遠買不到。

照常理，「台北」跟「板橋」比起來，台北一定比板橋還要來得精華對吧？？但是，這代表板橋沒有精華的地方嗎？？「板橋」在跟「三峽」比起來，板橋一定還是比三峽還要精華對吧？但是，這代表三峽沒有精華的地方嗎？？

各位，現在懂不懂我要表達的意思？

就算你現在所處的區域跟台北比較起來，位置不是那麼的精華，但是你自己住的區域一定有一些精華地區。不論在哪一個市場，一定都有利基點。今天我們不用去第一級的市場跟別人爭的頭破血流，我們只要在我們熟悉的區域，雖然說市場沒有很大，但其實裡面藏了不少「金礦」，只要好好的用心經營，金礦一定被你挖到。

如果你手上有資金，準備長期置產，那就一定、務必要挑最好的地點，當下的價格有沒有很便宜，就不是最重要的考量，因為最重要的考量是未來的增值性，這案件的稀有性，這個時候地點就真的非常重要。

★ Price、Price、Price

如果你是要做短期的投資或者是隔套房收租，那地點就沒有重要到那種程度，不是Location、Location、Location，那是什麼呢？？答案就是：「Price、Price、Price。價格、價格、價格。」

也就是說取得成本，

越低越好。

越低越好。

越低越好。

因為很重要，所以要強調三次。

今天有一句話很重要，請你把它記下來：

「便宜買、便宜賣。」

這個地區就算沒有那麼精華，但如果你今天能夠賣得比這個地區原本行情還要再便宜一點點的價格，那想必你的案件不會太難脫手，這也是我投入不動產投資好些年之後才扭轉過來的觀念。

相對精華地區來說，雖然說好案件不多，但是就算案件出現了，你還會有另外個問題，那就是總價價格通常都很高。所以相對的成交的週期要抓比較久，那方面的成本考量，都要計算進去才可以。

所以記住，不需要一昧地要求好地點，而是要依照自己的定位、需求還有資本額度，決定要投資的地方。

3-7 投資前，必懂- 有錢就是老大嗎？

智者說過：「結果實越多的稻穗，頭垂的越低」。說的一點也沒錯，如果你眼界越廣，就會越謙虛，如果你懂得越多，也會越謙虛，為什麼？因為懂越多的人，越了解人跟這宇宙比較起來是有多渺小。

各位思考一下：投資是什麼？？做生意是什麼？？

答案是：「做人」跟「用人」。

有時候我看到有些人身上有個幾百萬，不知道怎麼的眼睛就長到頭頂上去了，面對服務業人員，覺得自己是國王，自己是神，好像他手上揣著幾百萬，自己就是全世界最有錢的人了。這個社會是魚幫水、水幫魚的一個互助社會，要知道你自己一個人再怎麼厲害，最終還是需要別人的幫忙。

我之前做過仲介服務人員，所以我很了解站在第一線人員的心理跟心聲，每當我出去看案子的時候，我一定會對仲介服務人員相當的客氣跟禮貌。（除非這個仲介服務人員不客氣跟不禮貌。）

我們做人飲水要思源，今天我們想要做投資，我們靠的就是仲介服務人員的資訊，你投資能不能成功？？你能不能取得案件？？都取決於你的「態度」跟你會不會「做人」。

我跟很多仲介服務人員感情都相當不錯，到最後都像朋友一樣，所以時不時會聽到他們跟我敘述其他的投資客的所作所為。時不時聽到的就是：好色的投資人對女業務毛手毛腳、灌

醉別人、吃喝嫖賭樣樣來。（以我個人來說，我從來沒有跟任何一個仲介去聲色場所交際應酬過，沒有上過一次酒店，最多最多就是喝個咖啡聊個天。為什麼呢？？因為我覺得這些都是沒有產值的行為。）不然聽到的就是，有的投資人想盡辦法去佔仲介人員的便宜。

我要告訴這些人，沒有錯；現在或許你手上有錢，或許仲介服務人員真的為了生活要做你這筆生意，那是因為你現在手上有錢，所以你才可以講話大聲，但是等到你手上沒錢的時候，再看看你講話，還有沒有辦法這麼大聲？？

請思考一件事，當同樣甲、乙兩個人手上都有錢的時候：

甲對你客客氣氣，但是乙對你大小聲或者是態度不好，請問一下，當你有好的案件時，你第一個會想到誰？？

所以當你手上如果真的有幾百萬的時候，千萬不要認為你已經是有錢人了，因為如果以房地產的領域來說的話，只是剛好有資格進入這個領域的入場券而已。如果你已經有這個資格了，那恭喜你，請你好好的珍惜，並且好好的運用。因為賺錢的時機不是天天年年都有，有賺到錢的時候要守得住，要想辦法把賺到的錢，拿去賺更多的錢。但是有的人賺到錢之後馬上就去大吃大喝、或購買奢侈品把錢用光，因為他們覺得錢很好賺再賺就有了，所以如果你有種想法，那就很危險，這種人通常在投資界也不會存活很久。

所以觀念要有，就是千萬不要認為有錢就是老大，不然會一下就消失在市場上。

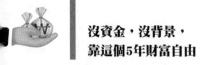

3-8 投資前，必懂- 投資要選哪些區域呢？

在鎖定投資的地區的選擇方面，可以給你幾個方向：

★ 第一，自己最熟悉的區域

其實對大部分的人來說，真的沒有所謂自己最熟悉的區域，很多人都以為自己對從小到大住的地方很熟悉，我只能跟你說一切都是假象。等到你真的到市場上去了解之後，就會發現原來你跟你住的地方這麼的不熟悉。

★ 第二，自己最方便的區域

什麼叫做最方便的區域？

就是如果有人告訴你好案件，半小時之內可以出現的地區。因為有好案子的時候，如果拖個半天或幾個小時，Apple案件馬上被買走，就沒你的份了。

★ 第三，工作附近的區域

因為我們有很大一部分生活時間，都在工作地點附近，若有案子要看就比較方便、機動性高，或者是想要去仲介公司看房子也都很方便。

★ 第四，目前投資得起的區域

也就是說如果你只有300萬的資金，就不要去看或者是去研

究超過300萬準備金的區域，因為看了老半天，你還是投資不起，白忙一場。

有沒有這種人？我發現還真的不少呢。研究老半天之後才發現連人家的車尾燈都看不到。這邊要注意一下的是最熟悉的區域，不見得是我們最方便的區域，或工作附近的區域，也不見得是投資得起的區域，如果你最方便的區域跟工作附近的區域，是投資不起的區域，那你只能自己想辦法解決。

個人認為最熟悉的區域不是那麼重要，因為不熟悉的區域，研究一陣子就熟悉了，或者乾脆交給專業的顧問，來幫你打點會比較快一點。

因為我的專長，我的工作就是在尋找投資案件，所以我的區域可以分得非常廣，但是並不代表每個區域都會去做投資，像我目前主攻的區域板橋、中和、永和、土城、三重。這些是依照我個人的方便程度，經過計算研究之後的區域，雖然範圍蠻廣的，但我的機動性很高，只要收到有可以投資案件的訊息，不管在以上哪一個區域，我都可以在10～60分鐘內出現。這樣才可以搶佔到先機。所以現在各位是不是比較清楚了？你現在也開始劃分想要的投資區域吧。選好之後就可以開始準備看屋了，至於房屋要怎麼選？要往什麼方向去找？在「零失誤的投資方程式」的「投資18大策略」中有詳細的解說，有興趣的人再到我們粉絲專頁了解。

3-9 投資前，必懂- 沒有資金、沒有人脈、沒有背景要怎麼辦？

有人會問我沒有資金、沒有人脈、沒有背景要怎麼辦？

許多人都期待著，有人可以給他一個奇蹟，這個奇蹟可以讓他快速致富，或者是找到一個貴人，這個貴人可以帶著他平步青雲一路走向致富之路。但是天底下到底有沒有這種事情？有阿，你應該可以在電視或是電影裡面看到不少阿，但是在現實生活中我必須說：「孩子阿～～醒醒阿～～～現實生活中是沒有這種事情的好嗎？」

★ （一）沒有錢怎麼辦？

第一個

慢慢工作努力存錢先存本金

第二個

我們要透過正當合法的管道去找出錢來

（後面的章節會提到如果真的沒有資金，但是真的很想進入不動產投資的一些方法）

★ （二）沒有人脈怎麼辦？

不好意思這個也沒有快速的捷徑，請你比別人更努力，抱

著謙虛的態度跟虛心受教的心理，一步一腳印，慢慢的一個一個人去認識。有快速一點的方法就是加入社團，經營社團是很耗時間的。推薦可以加入青商會、獅子會、BNI……等等或者是一些自己喜好興趣領域的一些聚會。

你會在這些社團或是這些人裡面，慢慢去找出跟你有默契、跟你聊得上話的人，然後就好好的去經營他們，經營這些友誼。千萬不要一開始就抱著一定要有利益關係而去經營這個友誼，不然的話都不長久。「零失誤的投資方程式」中的實戰心法（開發篇）「如何建立黃金人脈」有提到人脈的建立準則。

★ （三）沒有專業背景怎麼辦？

這個就稍微再簡單一點。一定要強迫自己每天花一定的時間，去學習你想要了解的專業領域，不用急躁，請你每天只要看一篇文章，一年365天，就看了365篇文章。你的專業知識就在這裡一點一滴累積下來。如果你再認真一點，1天看2篇文章，相信我，一年之後你一定會在這一個領域，有一定的專業程度，不要跟我說你沒時間，一天花30分鐘看2篇文章，說做不到，那個都是藉口的話，若這樣還做不到，那你乾脆就不要想做投資。

但如果你是有資金但是沒時間的人，在你的相關領域有一定的成就，你的時間就很寶貴，所以還是要把專業的事交給專

業的人做吧，因為你把你的時間用來研究另一個專業領域時，在本業上面可能就失去不少賺錢的機會。

正常的情況來說，如果沒有錢、沒有人脈的情況，一般來說你是一定有時間的。就可以把時間好好分配，想辦法認識人，充實自己的專業知識跟存錢。

如果你既沒有錢、卻又沒有時間，那就必須好好的審視一下自己的生活模式，或是你的工作，到底發生了什麼問題？？進而想辦法跳出窘境突破它。唯有這樣子才有辦法去做下一步的改善。

其實凡事還有一點點捷徑，投資不動產的捷徑就是，你要找到相關領域專業的人跟他們請教。緊緊抓住他們，如果他們願意教你、跟你講，你要好好的、心懷感恩的，虛心受教。

FB粉絲頁-順利九九財商學苑

3-10 投資前，必懂- 手上沒現金也能投資房產嗎？？

投資不動產手上一定要有大筆的資金嗎？有資金自然是最好，但沒有資金也有沒有資金的做法。若以前我會跟你說：「沒有錢還想投資不動產！？」但現在的我不會這麼跟你說，因為我確確實實知道，的確是有人買房子不用拿錢出來。

但如果真的沒有資金的話，不用絕望，這邊提供你幾個方向：

★ 第一，親朋好友集資

親朋好友集資其實不難，只是你做到以下幾點：

1. 你必須成為統籌的領頭羊，

2. 然後你需要有一份好的企劃書。

3. 再來就是你平常做人是可以讓人信任，做人做事是有信用的一個人。

4. 要有自己的人脈資源。要做到用人不疑、疑人不用。

5. 最重要的是你在這一個領域，有一定的專業程度。不然就要找可以信任的人，做顧問幫忙規劃。

但我這邊還是要說，我們集資要心存善念，有看過不少人

還蠻厲害的，有著三寸不爛之舌，他們可以說服別人把錢拿出來讓他們去運作，如果是心存惡念的人，那投資人的資金就可能要血本無歸了。

★ 第二，理財型貸款

如果手上沒有現金，但是家裡面如果有房屋已經沒有貸款，或者是貸款已經還得差不多的，銀行為了增加一些閒置資產的運用，銀行針對這樣的房產有推出一種叫做「理財型的貸款」，這種貸款跟一般的房屋貸款流程都是一模一樣。

但是最大的差異就是：

我們可以用這個房子申請一個「額度」，假設我們申請500萬的額度，但是我們只要不去動用資金，就不會有任何的利息產生，如果這500萬假設我們只動用100萬，那銀行就只會收這100萬的利息，剩下的400萬還是隨時在那邊等待著你去運用，現在理財型貸款的利率非常的低，大約是2.5%～3%這個範圍。也就是說如果借100萬，一年的利息才3萬，但是如果我用這100萬投資房地產，一年可能幫我賺30萬回來，所以這是一個相當好的一種理財型的規劃。

★ 第三，找到特殊的案件之「0元買房」

什麼樣特殊的案件呢？？嘿嘿嘿，這種案件是少之又少，

因為有機會可以讓你不用拿錢出來就可以買房子，但是通常「0元買房」狀況有一好就沒兩好，所以你要非常清楚的是：沒拿錢出來買房地的目的到底是什麼？

1.「0元買房」+要投資

有這種案件，但是這種案件基本上不太輪到你。

2.「0元買房」+要自己住

如果不要抱著一定要投資的心態，如果可以不用拿自備款出來就可以買房子，就有房子可以住，這樣的心態會比較好一點。不用拿幾百萬的自備款出來，已經比一般的人贏了非常大一截。因為一般的人如果要買房子，自備款至少要準備房價20%～30%。假設房價1000萬，至少就要先準備個200萬～300萬左右的自備款，但是今天這300萬可以省下來，瞬間整個壓力跟負擔大大的減輕。

我不會像外面有些人騙你說：「0元買房」還可以投資賺錢。

雖然說這種投資的機會肯定有，但是通常這種案件：

第一，仲介自己就拿走了。

第二，仲介公司的老闆自己就拿走了。

第三，就是專門在做投資的團隊拿走了。

所以你在外面看到的房屋資訊，通常都是第4手或者是第5手的資訊，所以你根本拿不得到這種案件。

　　外面有很多人教「0元買房」，但都不是真的「0元買房」，他們都是透過「房貸+信貸」，或者是透過「租轉售」……等等方式，但真正會投資的人，不會再跟你搭配信貸的，OK？另外；今天就算有這樣的案件，不見得每個人都有辦法去承接，其中有非常多的細節眉角，我會在高階的房地產投資課程中做說明。

　　不管是上面這三種哪一種方式，我們在找案件的時候**千萬不要急躁，要按部就班**，不要幻想著要趕快賺錢，要想只要房子買到我就賺錢了。我會一直不斷重複再重複的跟你說：「一定要努力做功課、把自己變得很專業，不然的話就是要找到可以信任的人給予建議。」

3-11 投資前，必懂- 真的有那麼多便宜的案件可以買嗎？？

我最常被人家問到的問題之一就是：「真的有那麼多便宜的案件可以買嗎？？」

我相信你心中一定有這樣子的問題，哪來那麼多便宜的案件可以買？？

說真的一開始，我也不知道哪來那麼多便宜案件可以買，但是經過我深入的探討之後，發現這就只是一個基本的數學概率問題。可以說光是雙北市每個月至少會釋出1250～2500個可投資案件。

你或許心中懷疑：「怎麼可能有這麼多？」

因為你們不知道確切的數據，所以有這樣的疑問很正常，就雙北縣市來講，住宅統計的數量大約為250萬戶，保守估計每個月大概有0.0005到0.001的機率，可能有人會出一些狀況。這個機率絕對是合理的，不相信的話你可以去各個法院看貼出來的公告。你沒有辦法想像每個月每天有多少人在離婚、吵架、任何金錢糾紛、分家產、做生意失敗……等等鳥事，而且這些是已經弄上法院的，而那些還沒有上法院之前就已經被處理掉的呢？？一定遠遠比你看得到的還要來的多。

所以我現在已經用數學，衡量出每個月大概數量的投資案

件，所以只要各位讀者認真的開始累積人脈，開始去佈線，往後這些投資案件的消息，就會到你的手中囉。

3-12 投資中，必懂- 找對的人帶領很重要

　　想做任何的投資，想學習任何技術，有一個好的教練或者是老師非常重要。人家常常說名師出高徒是有道理的，但也有很多人出來開班授課，卻都只教一些理論上的東西，他們沒有辦法貼近市場上真正的狀況，因為他們沒有拿自己的拳頭（錢）去衝去撞，所以有的時候一聽我就知道。

　　理論很重要，但是實戰經驗更重要，有時候就是江湖一點訣，這一點訣如果沒有人告訴你，你可能要花好久的時間才悟得出來。說實在的，**有時候就算你有錢，別人也不見得願意教你**，因為教學生是一件非常累的事情，有時候學生自己不好好學，反倒還會怪老師教得不好。所以有非常多的人心中想著，我自己好好的賺我的錢就好了，何必來去拿石頭砸自己的腳。

　　說實在的我之前也是這想，但是後來這觀念我慢慢地在導正，因為等你到某一個程度的時候，真的會覺得獨樂樂不如眾樂樂，你有錢也要有志同道合的朋友才行，才會開心。

　　我近期很認真地思考，是不是可以用自己的專長幫助到更多的人？而且人在這世界上短短的幾十年而已，是不是可以在這個漫長遙遠的時空當中，能夠留下一點自己的什麼東西？？而這一點東西或許還可以幫助許多人，這樣一來，人生就沒有白來一遭。

　　像我參加獅子會，一開始會很搞不清楚為什麼他們要做這

些公益活動，但是現在我漸漸的能夠理解他們的想法，就是一群有志同道合的人在一起，做一些有意義的事情，這是一種享受成就的感覺。

最後要講的是師父領進門，修行在個人。就算有找到好的人帶領，自己本身的努力才是很重要的喔。

3-13 投資中，必懂- 仲介到底喜歡投資客還是自住客？

　　我覺得這個沒有一定的答案，就像這個世界上所有的事情都一樣，凡事都有正反兩面。

★ 投資客的優點：

　　對行情非常了解、對市場狀況了解、出手所非常快速、有相當買房子的經驗。不需要像一般的買方需要解釋非常多、買案件不會囉哩八唆，看到屋況非常糟糕的也不會擔心、非常快速的就可以計算成本下決定。

　　缺點：

　　一定要價格便宜才會出手，比較難以去說服，自我主觀意見非常強。

★ 自住客的優點：

　　如果要買房子，對於價格的考量，只要是市場的行情即可接受。

　　缺點：

　　由於他們沒有太多買房子的經驗，買房子算是人生大事，所以會產生很多問題，並且要一直重複的看房子，有的時候不

懂行情亂殺價，動不動就要砍仲介服務費，不然就有很多是不懂裝懂的、確信度很高的、買房子要請風水師看的、整個家族來看的、不然的話就是要看風水、然後再去廟裡拜拜求神明允許的……等等，有非常非常多的禁忌要去遵守。

另外有觀察到一個現像，依照比例來講，買賣成交之後又要毀約的狀況，一般自住買方毀約的比例遠比投資客高很多，很少聽到投資客有買賣糾紛。以上給你參考，不管我們是一般要自住的買方，還是投資客，一定都要好好遵守合約精神，要講信用喔。

3-14 投資中，必懂- 要投資就不要說自住

當我們去仲介店頭或者是在外面看房子時，如果我們是要做投資，那麼幾點請注意一下：

第一點，如果你是做投資的，那就不要說你是要自住。

為什麼呢？

因為你會讓別人搞不清楚方向，進而介紹來的案件不符合你的需求，浪費雙方的時間。你不講清楚，他們會用一般自住的方向跟眼光去介紹你案件，導致你會買不到便宜的案子。所以你要很清楚明白的跟他們說；你想要做投資。

但是投資又分為很多種：

★ 1.從時間區分：

短期的投資（馬上要賣）。

中期的投資（邊住邊賣、邊收租邊賣）。

長期投資（置產型的投資）。

★ 2.從投資的金額的大小區分

有人喜歡投資1000萬以內的。

有人喜歡投資幾千萬的店面。

有人喜歡投資幾億的土地。

有人喜歡投資電梯大樓。

有人喜歡投資公寓。

所以麻煩你講清楚，不然你只是在浪費你跟仲介雙方寶貴的時間。

第二點，在接觸的同時我們都會互相觀察對方。

你的背景是什麼？

你有沒有什麼投資的經驗？

有一些已經做了一段時間的老手仲介人員，他們跟你聊天的過程中就是在汲取資訊，你是行家還是外行，他們跟你聊個大概5分鐘就非常清楚。當然你也可以準備一些專業的問題去考考對方，大家都是在互相觀察。

3-15 投資中，必懂- 做生意都要交際應酬？

做生意需要交際應酬？如果是這樣，我覺得我在交際應酬這一個部分，真的做得很爛，我做投資到目前為止：

» 沒有跟仲介去喝過一次酒。

» 沒有跟仲介去過任何聲色場所。

» 沒有跟仲介去打過一次麻將。

我最常做的就是約較好的仲介去喝咖啡、吃頓飯。

我不是說喝酒、吃飯、打麻將不好，但就是每個人喜好不同，因為我寧願把這些時間花在研究案件，或者是研究市場行情上面，如果真的有案件出現，我才可以第一時間做出正確的決定。

但是如果老是在吃吃喝喝，基本工沒有做足夠，真的有案件的時候你又不敢出手，或不能投資的案件你因為感情好而買進，沒有賺到錢反而虧錢，那請問一下這些吃喝的目的是為了什麼？如果是為了賺錢，那賺到的錢是不是又花掉了呢？賺的錢夠支付交際應酬的費用嗎？

所以與其要交際應酬的話，倒不如把自身的基礎打好，然後培養自己良好習慣，譬如說以我自己來講，只要約看案件，我秉持一個原則，我一定會比跟仲介約定的時間，提早5到10分

鐘到，不要時間到了還姍姍來遲，就算真的有事情耽擱了，一定要提早通知別人，不要讓人在那邊傻傻的等，非常的不禮貌。

　　或許我不知道怎麼當一個很會交際應酬的人，但是至少知道不要成為一個討人厭的人，因為這樣路只會越走越小、越走越窄，最後就會被市場淘汰。

3-16 投資中，必懂- 不可以對投資有感情

智者說：「做生意的時候請感情離開，因為你需要的是理智」。

我們要用理性看待這個世界，不要盲目。作為一個投資人，要讓自己成為一個理性的人，我們要用理性的態度來面對投資上所發生的事，不應該感情用事。

★ 第一，常犯的錯誤 對自己的投資有感情

很多投資人最難做到的就是這個部分，如果我們投資的一個標的沒有賺錢，很多投資人沒有辦法當機立斷把案件給捨棄，他們會抱著拖一天算一天的心態。甚至有的投資人更誇張，一開始投資這個標的，最後卻愛上了這個標的，捨不得賣掉，就算有獲利也寧願把這個案件保留著。

如果你是身價很高、現金很多的投資人，你喜歡收集好的標的，那絕對沒話說，但是如果你是要賺取投資報酬，那這樣的做法就非常的不理性。

★ 第二，常犯的錯誤 用交情買案件

有的時候，我們跟業務人員的交情可能很好，有時就會因為交情的關係而做出錯誤的決定，通常錯誤的決定伴隨著就是

巨大的損失，當產生損失之後，請問一下你要怪誰？？

　　沒錯；當然你可以責怪已經認識很久的業務人員，然後就把交情給打壞，然後你的人脈存摺當中的名字就會少了一個。我已經有不知道多少的案子，靠「零失誤的投資方程式」的投資報酬率計算公式，經過理性跟數字的分析，避開了非常多的風險跟損失。

　　身為一個投資人，主要的決定權都在你手上，之所以他會是業務而你是投資人，就代表你的責任比他還要重，就算你跟這個業務員沒有撕破臉，想必你對他一定也會有很大的不滿，朋友也沒得做。

　　如果你不要感情用事，能夠好好冷靜的去分析以及看待每一個案件，不僅在不對的案件上，不會有任何的損失，也不會少了一個經營已久的人脈，當下如果你因為沒有成交這個案件，有可能會造成雙方之間的小小不愉快，但是絕對總比事後你自己損失巨大的金額，還要來的好。

3-17 投資中，必懂- 簡單事情重複做

　　成功的人都一定都有非常良好的習慣，就是他們會制定計劃，並且不斷地重複執行直到成功為止。

　　簡單的事情「重複做」，還有簡單的事情「持續做」，聽起來好像不是很難，但是我要告訴你，事實上還真的非常的難。

　　不要說那種很難的計劃，我們只要來做一個簡單的測試就好，「每天閱讀一篇不動產文章」；跟你現在打算從事或者是研究的相關領域的文章，重複持續一年，每天不間斷。你可以從現在開始測試，看這是個多難的一件事情。

　　如果套用在不動產上面投資不動產上面，那就是：

　　每天看5個最新的案件資訊。

　　每天看1間房子。

　　每天聯絡1位仲介。

　　每天閱讀1篇不動產文章。

　　聽起來應該是不太難，對不對？？但是請你試著開始去執行看看，持續一年的時間、不能間斷，如果你可以做得到，恭喜你！一年之後，我相信你會是一個投資專家。所以如果你想成為專家，你現在可以開始製定計畫並且開始去做囉。

3-18 投資後，必懂- 團隊的建立跟選擇

★ 助人助己 團隊的建立

我花了好一陣子才明白一些道理，那就是你在幫助他人的同時，其實未來一定也會幫助到你。就拿我的朋友Allen來講，因為當初我幫了他很多的忙，指導了他很多的東西，當下看起來好像沒有什麼好處，但是現在對我來說，我好像多了一個夥伴。這個人如果是懂得感恩的，那自然他有好處的時候就會想到你，這樣反而無意間你的機會就變得更多，因為你的夥伴變多，你的消息就變得多了。

這些年我真的體會到什麼叫做，獨樂樂不如眾樂樂，即使你有錢有時間，但是你沒有夥伴，你就是孤獨一個人，所以我漸漸的在改變我的思維模式，開始建立我的團隊跟我的夥伴。那麼建立團隊有什麼好處呢?

一來我的工作量變少。

二來我賺得錢反而變多。

最終有一個團隊一起運作的感覺還真的是不錯。

雖然一匹狼其實是我喜歡的運作模式，但是我還是選擇團隊合作，因為我清楚有時候**我喜歡的，不見得就是對我好的**。

那團隊的部分要怎麼建立跟選擇？？下面有幾點大家可以

參考：

★ 1.一定要先觀察

要透過一定的時間，去觀察一個人的：「人品、誠信、態度，觀念」，到底好不好？

信任、信用、風評、執行力，透過一定的時間觀察後，心中會有一些特定人選，你可以問他一些問題，來測試他可不可以信任，看他說話會不會不老實，或是他說話會不會很誇大，然後在市場上收集他的資訊，不老實或者是說話太誇大的，我或許會當朋友，但是絕對不會合作。

★ 2.出錢？ 出力？ 出腦？

同符合上面兩點的時候，那就要來評估合作的人的資源如何結合。因為每個人一定都有自己的強項，這樣才叫團隊。

出錢。

有的人有錢但是沒有時間，那就可以請他們出錢就好，但是不要參與經營。就像我常提到的，**不是有錢就是老大**，不要到最後變成**外行指導內行**，這樣合作一定不會成功。

出力。

如果暫時沒有錢也沒有專業的人，那就是努力的去找案

件，賺取開發獎金，讓整個團隊有更多的案件可以運作。

出腦。

像有的人擅長於行銷、有的擅長不動產交涉、有的擅長數字，做一個團隊就是要把各自成員的專長發揮到最大化。

★ 各懷鬼胎不能做事

如果透過了上述的條件找到了合作的夥伴，決定要合作了，那大家不管做什麼事情一定要開誠佈公，千萬不要各懷鬼胎，想要互相利用而已，這樣子事情一定會做不好。

★ 有錢大家賺

有錢大家賺聽起來是一個口號，執行起來的確有它的困難度，但是只要你的格局夠大，願意把利潤分享出去，人們就會漸漸的向你聚集。古人的智慧：「財聚人散。財散人聚。」

★ 合約載名少數服從多數

雖然說大家本性都是善良的，你已經找到可以信任的團隊，但是若沒有建立在白紙黑字之上，那就是一個不及格的團隊。再來團隊的成員絕對不能是雙數，至少要有三個起跳，這樣子如果有爭議的時候，就可以使用投票表決，這樣就不會造

成無法作業的僵局。契約中要清楚明白的說明「遊戲規則」。

　　» 對團隊成員的保護措施。

　　» 投資案件時需要有哪些作為？

　　» 抵押權？預告登記？信託？

　　» 看要使用哪一種方式來保護案件的獲利。

FB粉絲專頁-順利九九財商學苑

3-19 投資後，必懂- 慎選合作對象

★ 不要有錢就合夥──慎選合夥對象很重要

當你的專業知識有累積到一定的程度的時候，就會成為這個領域的專家。尤其你的專業知識可以幫助他人賺到錢的話，就會有人主動捧著錢請你幫他賺錢。過去總是時不時有人希望我幫他操作不動產，大部分的情況之下，我會看交情，我會觀察這一個人是不是很囉唆的人？？觀念好不好？？態度如何？？最後就是看我的心情。不是他有錢我就會想跟他合作，認識我的人都知道，我不打沒有把握的仗，今天只要我出手，一定要賺到錢。所以對於跟我合作的人，等於是把我的利潤就這麼的分享出去，各位試想一下，如果我分享了我的利潤，還要看別人的臉色，這不是很莫名其妙嗎？所以這些年來受益最多的還是我的親友。

在投資的過程當中，或許你會遇到資金不足的問題，這個時候就要尋找合作的夥伴。之前會掉入一個迷思：「只要有錢就可以配合」。但是經過這段時間以來的觀察，選擇夥伴跟選擇另外一半一樣，非常重要，所以我建議要透過一定時間仔細觀察對方，而且要從小細節去觀察，不要有錢來就合作。因為如果遇到好的合夥人，我們做起事情來會非常的順利，如果遇到不好的合夥人，就會綁手綁腳。

這裡有一個我的案例，之前有一個案子在中和，我、小

陳、小張總共三個人一起合作，每一個人出資70萬，大家都說沒有問題的情況之下就開始合作了。

我認識小陳有一段時間了，但是對於小張並不是很了解，小張是透過某個朋友的聚會認識的，對我們在做投資模式非常感興趣，自己主動告知要合作投資，我看大家也聊得來便答應了。所以有案件出現的時候，我們就找來大家一起評估。

★ 浪費寶貴的時間在溝通與安撫

在中和一間3樓的公寓，市價約為850萬元，我們取得的金額為650萬元，於是把大家的錢集合之後，便要開始進入案件的操作。房子買了之後，接著就是第一筆錢（頭期款）準備要進來。好的，這時問題就出現了。

小張便說：「兩位，我們這個房子是不是買得太貴了？？」

（市價850萬元，我們買650萬元的金額，便宜200萬元，他竟然說太貴了！？）

我跟小陳兩人對看了一下，還是耐著性子跟他說明。經過一番說明之後，小張總算是勉為其難的把錢拿出來。

事情這樣就結束了嗎？？當然沒有……

當案件過戶完成之後，房子開始銷售之際，小張三天兩頭

就打電話過來詢問：「目前的狀況如何？？」

然後時不時就跟我們抱怨：

「這種投資到底穩不穩？？」

「怎麼已經賣了一個月了都還沒有消息？？」

「我們是不是買的太貴了？？」……等等同樣的問題。

所以每次只要他打電話過來，我跟小陳就要輪流安撫他的情緒，花了我們很多寶貴的時間。是不是這樣就結束了呢？當然不是囉，又隔了一個月，小張又出新招了。

小張：「兩位股東，不好意思，因為家裡臨時有資金需求，我可不可以把我的資金拿回來？？」

於是我跟小陳兩個人又對看了一下，幾乎當下馬上跟他說：「沒有問題，明天我們就把錢匯還給你，你把合約還給我們，另外簽一份放棄該合約的協議書給我們。」為什麼我們會這麼爽快答應？？因為我們巴不得他立刻退出。

★ 列為拒絕往來戶

最後面這個案件，你猜有沒有賺錢？？當然有。

在第4個月左右順利賣出去了，小張看到我們有賺錢，又跑來跟我們講：「上次不好意思，我現在資金又可以了，下次如

果有投資案件，可不可以再跟我講一下？？」

請問各位，我們之後還會再找他嗎？？

我們嘴巴上跟他說：「好的，如果有案子會再跟你說。」但是他被我們列為「**永遠拒絕往來戶**」，如果他還想要投資，就麻煩他自己想辦法了。

在這個案例裡，為什麼我們願意讓他退出呢？？

第一，我們可以賺的錢變更多了。

第二，我們不用再受到他的精神騷擾。

所以從這次之後，只要有人說要合作，我們一定會白紙黑字契約，清清楚楚、明明白白的寫好遊戲規則（包含中間抽資退股的懲罰條款），不管對方跟你再熟都一樣，就算是你的兄弟姐妹，該走的流程全部都要按照流程走。

所以如果有人主動要跟我們合作投資，我們會先觀察他一段時間，才決定要不要跟他合作，更甚至現在挑的合作對象，一定要對我們本身在做的事情有幫助的，才會讓他進入我們的投資團隊。這個案例裡為什麼小張會有這樣的狀況發生？就是因為小張是門外漢，他連「零失誤的投資方程式」中的基本概念都沒有，所以才會錯失投資的機會。

如果你跟不對的人合夥，光是處理他奇奇怪怪的問題，就

會搞得事情很複雜，我認為做生意或者是合夥，都要秉持一些信念，就算沒有辦法做到用人不疑，但是我們至少要做到「疑人不用」，這樣可以幫你省去不少麻煩。

3-20 投資後，必懂- 合夥之前就要先想好怎麼拆夥

我：「小陳我跟你說，合夥之前就要先想好怎麼拆夥。」

小陳：「許兄，你怎麼這麼說呢？是在觸我們合作的霉頭嗎？？大家一般來講，合作就是希望常常久久，你怎麼會講出這種話呢？？」

我：「這是長期以來累積的經驗，一開始大家都不好意思講錢，大家總是都會說：「都好～都好～說什麼都好」。那樣是一件非常不及格的合作模式。」

合作之前要思考：

» 股份要怎麼分？

» 由誰來做主導？

» 達到多少利潤的時候要賣出？

» 或者是虧到多少錢的時候要停損出場？

» 要不要寫本票 ？

» 合約的內容要怎麼寫？

» 投資期間要多久？

» 錢要怎麼收？

» 做比較多的事情的人，是不是要收比較多一點的利潤？

» 如果有爭議的時候要怎麼處理？

最主要的用意就是希望，如果今天生意真的沒做成，朋友還是可以繼續做，太多人就是因為「沒有事先講清楚」，所以造成很多的誤會，導致生意沒做成、朋友也沒了。

要投資、要做生意，千萬不要害羞、不要害怕講真話，事前講清楚，絕對比事後大家來翻臉得好。

也就是說我們要想好「最壞的打算是什麼」，天下一樣的道理，「分久必合、合久必分」。所以不要去想的太美好，自古以來要找到好的夥伴，本來就沒有那麼容易，如果有找到好的夥伴當然要互相配合，但不要預期大家一定可以手牽手，一起走向燦爛的光輝，從此過著幸福快樂的日子。

夥伴如果要離開，要祝福他，並且幫助他。

只要是人就有私心，大家私心程度不一樣而已，如果有人有更好的發展要離開，我們要抱著祝福的心態送他離開，**甚至看看有沒有什麼可以幫忙的地方**，廣結善緣，或許一陣子之後，大家又有機會可以聚在一起做點什麼事情。

所以如果夥伴要出去自立門戶，我認為千萬不要覺得生氣或者是背叛，因為如果他懂得感恩或是看得起你，跟你有一樣的心態，那他仍然會有錢大家賺，依然會找你一起合作。如果

他不是懂感恩的人，那相信我，他出去之後也做不起來，因為
這是宇宙不變的真理。

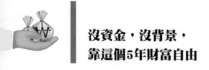
3-21 獲利後，必做- 飲水思源 回饋社會

這個觀念是我20年前，看窮爸爸富爸爸的時候，非常認同的一個觀念。書裡提到我們要將所賺到的錢提供5%捐給需要的人。書裡提到的是吸引力的概念，是一種正向循環的概念。大致上的概念是在說，如果我們做了回饋社會的事，一些好的結果就會再度回到我們身上。

打從我還在唸書的時候，我就會每個月捐500元給偏鄉的貧童（即便自己經濟狀況沒有很好，哈哈），並不是因為我期望做這件事情之後，會有好的事情回到我身上，而是因為我覺得自己有能力去幫助別人，那種感覺是很快樂的，心情是很好的。

可能自己小時候也是苦過來的，所以就會特別了解那些還在貧困中的孩童，自己雖然說沒有辦法幫很大的忙，可是我至少能夠盡點綿薄之力。

直到現在，只要我在不動產投資或者是在工作上賺到錢，我一定會捐5%的收益給新北市的家扶中心，一開始的時候我會捐現金，但是後來我發現，不管是哪一個單位都會有貪污的現象，後來我就改成「捐物資」，我會買白米、麵條、沙拉油、醬油……等等等的物資。所以每次只要我的案件獲利了結，新北市家扶中心的大廳就會堆滿我送過去的物資，感覺很有滿足感，用比較通俗的方式來講就是「心裡很爽」。

★ 冥冥中避開許多問題

我呼籲正在看這本書的朋友，也要把自己賺到的5%收入捐獻出去，雖然說我沒有很相信做好事就會有好報，但說的也奇怪，確實有一些案件因為某些原因，我並沒有買到，但是事後會發現沒買到的案子，確實是有一些問題，所以冥冥之中有一些我們無法解釋的事情。

而且別人也都覺得我運氣變好的，為什麼我可以買到好的案件，而且案件都可以很平安順利的賣出？所以我鼓勵各位在自己能力範圍內，要去貢獻社會，不要求回報的去做，因為最直接的回報，就是你內心的平靜以及快樂。

第四篇

投資秘技番外篇

4-1 不買房也能投資房地產 秘技（1）資產活化

★ 第一招「資產活化」

什麼？！為什麼不用買房子也可以投資房地產？

一種投資工具在不同人的手上，可以變化出各種不同的投資模式，就像鋼琴的黑白鍵一樣，數量是固定的，但總可以由不同的人譜出不同的樂曲。不動產有趣的地方在於可以千變萬化，投資方法實在有太多種。但是有2大種是評估過後我最喜歡的，也是我覺得相對安全的。這2種的投資報酬率，我覺得都非常不錯。

★ 第一，二房東

以合理狀況下，二房東投資投資報酬率約略在25%～30%左右，二房東投資的概念我個人認為，是一個非常正向的一個良好的投資，在不動產的領域中，你會發現沒房子的人真的很多，但是有好幾間房子的人，也是非常的多哦。

那就來介紹一下二房東的概念：

原本屋主：我後面就會簡稱為「大房東」。

我們的角色：我就會稱成為「二房東」。

★ 4贏的企劃

通常是這樣子的，大房東有很多間房子，其中有些房子年久失修或者是非常的老舊，大房東通常有一定的年紀，所以不太願意花心思去整理或者是管理，於是我們就去找大房東，請他把房子租給我們，我們來幫他管理。當然我們會事前跟他溝通，會把他的房子全部重新裝潢整理之後，再轉租給在外打拼的年輕人。如此一來會有很多好處：

★ 第一，大房東不需要頭痛租客的問題

因為我們每個月會準時把房租交給大房東，大房東樂得輕鬆收房租。

★ 第二，幫助社會達到資產活化的觀念

我們跟大房東承租房子之後，就會重新裝潢、翻修，讓這房子從原本老舊的樣子煥然一新，並且把空間利用到極致。

★ 第三，提升居住品質

幫助離鄉在外的遊子，有一個良好的居住環境，以及良好的居住品質。尤其雙北市，在外面打拼的年輕人很多，而很多年輕人居住的品質很糟糕，如果居住的品質很糟糕，我覺得會影響生活及睡眠品質。這些都被影響到，相對的我們的工作、

精神層也都會被影響到，如果我們把老舊的環境打造成舒適舒服的環境，是不是對這些在外工作的年輕人也是一種幫助。

所以這是1個4贏的投資

1. 房東有穩定的房租可以收。

2. 翻修老舊房子，創造設計業經濟產值。

3. 二房東有利潤可以賺。

4. 租客有良好的居住品質。

★ 年邁的王老闆，無心管理舊公寓

我直接舉實際案例：

我看到事業有成的王老闆，在精華地區捷運站的附近有一間舊公寓空置在那邊，這個房子的屋齡大約35年，房子的內部因為年久失修，水管跟電線都已經老舊，並且有漏水跟壁癌的問題。所以有水管堵塞跟電線走火的隱憂存在，但是由於王老闆事業繁忙，沒有多餘的時間去管理這些閑置的資產，或者是由於某些財務規劃，所以沒有打算花錢去整修房子，或者是年紀大了不想管理這麼多……等等，各種可能性的因素，導致他的資產逐漸老化、閑置。

由於房子的條件不好，所以即便王老闆想要出租也會有兩

個問題產生：

第一個問題：就是房子的租金一定會租得不夠好。

第二個問題：就算租出去了，吸引到的房客的素質也不會太好。

由於這種情況，所以讓王老闆總覺得心中有塊石頭放不下。

當我發現這個狀況之後，於是我向王老闆提出我的建議跟企劃書，我向王老闆承租他閒置的老舊公寓：

我：「王老闆，我看你的房子在這麼好的地方，但是卻年久失修，我覺得非常的可惜。所以我想把你的房子承租下來，並且幫你的房子全部重新裝潢，把所有的管線、電線、防水、壁癌……等等問題全部都處理好。**施工裝潢的費用全部由我來支付，當我們的合約到期之後所有的裝潢，全部都贈送給你。**這樣你認為好不好呢？？」

王老闆：「天底下哪有這麼好的事情。」

我：「當然我們做這件事情一定要獲利，所以會跟你簽訂一個10年的租約，租約將委託律師來做公證，作租約公證的好處是，如果我們違反租約的時候，你不需要透過繁雜的訴訟流程，可以直接強制執行，馬上就可以收回你的房子以及全部我們的裝潢成果。」

王老闆：「恩，聽起我的權益有顧及到。」

我：「沒錯，所以條件是這樣，我們承租下來之後，會把房子做一個從頭到尾的改造以及更新，並且我們會把房子的品質打造出來，然後我們會轉租給在外打拼的遊子，提供他們一個優質的居住環境，以及居住的品質。

當然租客的管理也是由我們這邊來做管理，我們一定會確保幫你找到素質好的租客，會好好愛惜你的房子的租客，因為同時也是在愛惜我們的裝潢成果，當租約到期後，所有的租客，直接從我們的租客轉為你的租客，或是你要繼續讓我們管理，也是可以。」

王老闆：「年輕人真有創意，既然如此，那就讓我們來合作看看吧」。

★ 420%的投資報酬率

王老闆的房子我跟他承租的金額為一個月1.5萬，在經過我們團隊設計改造佈置之後，再來找到優質的租客入住，轉租出去的金額為5萬元，所以：

5萬（收租）-1.5萬（大房東租金）＝3.5萬，

我們花的裝潢費用約為100萬元，

100萬元÷3.5萬元約為28.6個月

大約兩年又五個月左右，我們的裝潢成本就回收了。最後跟王老闆談定的合約年限為10年，也就是120個月。

120月 * 3.5萬 ＝ 420萬

就是說我拿100萬左右出來裝潢王老闆的房子，最終我將會收回420萬元，各位計算機壓一下，看看這是不是一個非常好的投資模式呢？

這個租約是在民國100年簽訂的，到目前為止成本已經完全回收，持續的正在穩定的收房租當中，後來王老闆陸續拿出兩間房子跟我們配合，當王老闆看到自己的老房子一間一間變新之後，笑的都合不攏嘴了。

當然這項投資，也是必須有一定的專業存在，專業在兩個重點：

★ 1. 於施工的部分

必須所有的基礎工程，都是最完整的情況下，以最大的限度，去控制你的成本，這個就牽扯到裝潢施工的專業，因為施工的成本，直接關係到你的投資報酬率。如果裝潢成本回收率每年不能達到30%，那就請把這個案子放棄掉，二房東裝潢成本回本期間，請務必要在2.5年到3年之間。

我這裡指的30%投報，是指從頭到尾都是自己負責的情況

下。

» 案件自己找。

» 合約自己簽。

» 工班自己找。

» 施工的時候親自監工。

★ 2.租屋管理

» 房間佈置

» 刊登廣告的文案設計

» 接電話安排帶看（常被放鴿子）

» 房客收定金、簽約

» 租客大小事管理

» 租金催收

» 租客狀況觀察

在上述的情況下，因為你已經做了很多，所以年回收率30%
是應該的，初期時會比較辛苦，但是等到裝潢成本都回收之
後，剩下的都是我們辛苦努力的甜美果實。「零失誤的投資方

程式」中的投資套房心法篇中有提及「如何找出10%投資報酬率的黃金案件」以及「如何避免讓你痛不欲生的地雷工班」，就算是沒有任何經驗的人，也可以馬上避開所有的風險。

★ 後記

現在聽到二房東這3個字，有些人就會直接想到某個非常惡劣的張小姐，她利用專業知識以及不當的手段，去欺騙租客、打壓租客，這是一個非常負面的一則社會事件。我個人認為這個社會上95%的人，基本上都不是壞人或者是不正常的人，各位可以稍微回顧一下自己身邊周圍的人，再去思考一下這一個數字是不是合理。不要被報章媒體給擾亂了這一個數字。

4-2　不買房也能投資房地產 秘技（2）　投資專業資產活化團隊

★ 第二招 投資專業資產活化團隊

這是一個有錢大家賺概念，分一點錢給別人賺，自己可以樂得輕鬆。前面提到的二房東模式，還有另外一種進階版的做法，在某些因緣際會的情況下認識了L先生，L先生的公司在大台北地區專門經營二房東的業務，他們在大台北地區的二房東套房數量有2000件以上。所以這樣子的商業模式，對他們來說可以說是信手拈來。

他們在合約擬定（業主端、租客端）、業主的進退應對、工班的調度、租客的管理、業務員的管理、公司的制度也相當良好，所以二房東經營相當的純熟。

L先生他們公司如果有不錯的物件，就會做出一份提案企劃書，讓我們這些朋友一起投資，術業真的是有專攻，他們就是有辦法可以找到「一整棟」的房子，而業主也願意承租給他們作為二房東。

我的專長在於找到便宜物件，他們的專長在於找到好的二房東物件。所以我不需要非常厲害在二房東這個領域，我只需要篩選出好的人、好的公司，會識人跟用人，這樣就可以不用費大的心思，就能賺取投資報酬。

這個部分，當然自己本身還是要有一定的經驗，才可以知道他們的斤兩。當你在跟他們聊天的過程當中，只要有這方面的經驗，你就可以很清楚明白，你面對的這個人，講話老實或是不老實？做事公道還是不公道？

如果可以做到上面所說的，就算你對這個領域不擅長，也有辦法在這個領域賺到錢。我們找到二房東的案件，可以得到的現金回報投資報酬率，大約在30%到40%左右，**但是如果透過別人來處理，利潤一定要讓別人賺，分享利益雖然讓現金回報率比較低、利潤變得比較少，但卻可以輕鬆的只要出錢，不用管太多事，然後每個月就可以快樂的分享房租的利潤。**

我都不需要去煩惱：

» 要去面對業主。

» 要去管理房客。

» 要去監工、處理裝潢施工……等等的問題

我只要當一個安閒自在的快樂投資人，每個月快樂收租金就好。

4-3 不買房也能投資房地產 秘技（3） 我自己的18趴報酬-1

★ 第三招 「抵押權投資」

這種投資，它的投資報酬率從6%到18%都有，是一種相當安全且低風險的投資，沒有錯，就是6%～18%，外面你想要找到這樣穩定的投資報酬率，是不太可能的，就我自己看得那麼久，也找不到這麼高的、這麼穩定的投資報酬率。

什麼是債權抵押權投資呢？

我這邊簡單的說概念就好，也就是說假設有一個人他擁有不動產，當下他可能急需要一筆錢，但是由於種種因素，沒有人願意把錢借給他，銀行也不願意把錢借給他，但是如果他沒有這筆錢，他可能會破產，或者是他的不動產會被拍賣，這個時候就會有比較資深會鑑價的資產公司，或是對房地產很了解的投資人，透過專業的判斷以及專業的管道，估算這個房子的價值，進而請這個人用他的不動產作為擔保，我們就可以把錢借給他，讓這位有困難的人可以度過難關，但是相對的，借款人也必須支付利息，就像我們跟銀行借錢要付銀行利息的道理一樣，或者是我們使用信用卡也要給付銀行利息一樣的意思。

所以就是借款人提供不動產當作擔保品，我們借款人進而賺取利息，這個就是不動產債權抵押權投資。

這一種投資很好賺很穩定，但是它存在一個非常大的問題，那就是一般人比較沒有機會去接觸到這樣子的案件，或者是說就算有這樣的案件，出現在他們面前，他們也看不懂。

再更進一步的來說，如果沒有一定的經驗以及專業背景，這種投資案件有的時候會存在一些陷阱，很有可能你的利息賺不到，最後變成要買房子。雖然說這也沒什麼不好，但是對於想要賺取利息收入的來說，就變得比較麻煩一點。

有的資產管理公司自身資金非常雄厚，有案件並不會拿出來跟股東或者是投資人分享，有的資產管理公司背後就是建設公司，他們擁有大筆的現金卻不知道該放在哪裡，放在銀行也沒有意義，所以他們就會拿來做這方面的投資規劃。

但是有的資產管理公司，可能是由有經驗相關從業人員出來自行創立，所以在資金上，初期並不會有充裕的現金，但是他們有找到案件的能力，以及評估案件的專業知識背景，業務開發、銀行端、法律端、代書端、合約端……等等相關方面的人脈。所以這個時候他們就會先對外集資，然後再尋找案件。

這樣的投資集資模式可行？還是不可行？

答案是可行的。

但是一定要有熟悉的人員幫你看著，看看他們設計的制度，法律層面的規劃，是不是真正站在投資人這一邊？還是純

粹想要把利益綁在自己身上？這個時候請有經驗的人幫忙做判斷，就非常重要。

當然有的時候，就算你捧著錢去跟別人說，你想要做這方面的投資，別人也不見得會答應你，為什麼？

因為自己賺得還不夠，幹嘛分你賺？？

況且別人也不知道你的為人如何，會不會囉哩囉嗦的？

所以人脈跟關係的建立，這個時候還蠻重要的。

雖然萬事起頭難，只要有心認真的去找，18%穩定的投資報酬率，在這一個領域絕對不是一件難事，這樣懂了嗎？

★ 有房子想貸款卻四處碰壁的張媽媽

下面我直接用案例來做介紹

張媽媽是一位在菜市場賣菜的老闆娘，她的名下有一間房子，房子已經沒有任何的貸款，張媽媽的兒子在生意上跟人有債務上的糾紛，需要大量的現金，於是張媽媽拿著權狀去銀行申請抵押貸款，但是銀行一口就回絕了，張媽媽不死心再去了四到五間的銀行，所有的銀行都是一樣的回絕。原因到底是什麼呢？？理由如下：

（1）張媽媽現在年紀已經67歲。（年紀過大）

（2）再加上張媽媽是在菜市場賣菜，所以沒有固定的薪資的證明。（沒有穩定的現金收入）

所以銀行都不願意跟這樣人做借貸生意。

在這個年代你要跟親戚朋友借錢，基本上是非常困難的一件事情，加上如果年紀大，也不太會有人願意借錢給你（搞不好債務人還沒還完，人就先去天堂了，剩下的債權就打水漂了。）銀行的理由是風險太高。

張媽媽的房子雖然市價500萬元，但是在重要關頭，卻沒有辦法幫到她任何的忙，多麼可悲……空有價值卻無法使用，就在張媽媽不知道該怎麼辦的時候，張媽媽透過仲介聯絡到我們，我們知道張媽媽現在需要150萬元。

★ 投資背後真正的意義

於是，我跟我的父母親討論，一開始我爸媽因不懂這種投資模式，所以非常的擔心，因為張媽媽跟我們非親非故，我們也不了解她，之前也不知道這個人，爸媽便跟我說：「這都不是黑社會在做的事情嗎？？」

「這不是放高利貸在做的事情嗎？？」

「這樣做會不會有什麼問題呢？？」

我很高興爸媽會有這種問題，代表他們也是個聰明謹慎的人，於是我就跟他們解釋了一遍整個流程，包含：

» 風險的控管。

» 合約的內容。

» 有可能會發生的問題。

» 以及這些問題發生前怎麼防範。

» 還有我們做這件事情的意義。

意義最主要是「助人」，在助人的同時，由於我們冒著風險，所以當然我們會收取利潤。我爸媽了解完之後便跟我說：「那就去做吧。」

於是我們簽訂了一個借貸合約，我提供150萬金額給張媽媽渡過短暫的難關，張媽媽的房子要讓我去做抵押權的設定，借貸當然會有利息的產生，張媽媽不需要還我本金，只需要支付我一個月1.5%的利息，利息的費用因人而異。外面很多人會收到3%一個月。這一個案例我們是收取1.5%一個月。

銀行目前的定存利率一年不到2%，所以基本上我只要借款給張媽媽兩個月，我的利息收入就勝過銀行，一般來說合約都是簽訂6個月，而且有房子作抵押品擔保，我也不用擔心張媽媽事後賴帳不還錢。

一年之後張媽媽的事情都順利處理好了，也如期的把本金與利息還給我，度過了難關，而這案件我的投資報酬率為18%，還謝謝我們幫了她一個忙，兩方皆大歡喜。

　　這種不動產投資的風險，遠遠比其他管道投資的風險還要來得低。因為我們借出的金額低於房子的市價很多，所以如果今天真的不幸要走上法院拍賣的時候，我們可以確保我們的本金不會受到損失。就像銀行的做法一樣，也就是說銀行不願意做的，我們接下來做。但是前提是本身要有這方面的專業知識，在「零失誤的投資方程式」中的「10分鐘內估出精準行情」，以及「銀行打交道」這兩種基本功的熟練程度，都是投資這種案件非常重要的關鍵。

> » 要去判斷這個房子的價值。

> » 要知道債權以及合約的設定。

> » 要知道怎麼樣安全保護自己的正確流程。

　　我們要基於助人的心態做這種投資，我知道有些人，他們的利息收到非常誇張，**但是我們只要賺取我們該賺就好**，要在合乎法律的範圍內，去做借貸的投資，有些民間小額借款更是誇張，一個月就收20%的利息，我從小到大到現在為止都還是搞不太清楚，為什麼有人會去借這種利息的錢？？這種人我也不太可能把錢借給他，因為感覺起來他們就是不會思考的人，只要借得到錢就好，所以錢借出去之後反倒麻煩。

★ 合理的利息收入

PS：非常非常重要的一點，不要因為我告訴你有這樣的投資管道，就自己亂找、亂投資，合理的抵押權投資報酬率落在6%～18%左右，現在已經很少可以達到24%～36%（投資這種報酬率的案件，你就要有把這間房子買下來的心理準備），甚至有業者跟你說得更高，**像是保證給你36%～100%的，「基本上是詐騙，天底下沒有白吃的午餐」**，千萬不要把自己的辛苦錢全亂投資，你會損失慘重，要投資前一定要找專家鑑定一下。

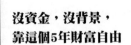

4-4 中國大陸投資過程　我自己的18趴報酬-2

★ 研究創業投資中，無意發現另一項投資

不用軍公教我也有18%，除了不動產的領域是我最專業的部分之外，在閑暇之餘，我一定會研究其他好的投資管道。2015年，在研究「私募基金」以及「創業投資」的時候，由於相關的資料在台灣非常少，所以就開始往大陸尋找資料。在尋找資料的過程中，讓我非常訝異的發現，其實中國大陸非常多的東西，科技也好、法律也好、觀念也好已經超越台灣不少。

「群眾募資」、「股權募資」、「天使投資」、「創業投資」、「投資平台」、「陽光私募」、「信託基金」……等等，在台灣很多人還不知道這到底是什麼，但是大陸那邊已經非常的發達。

我在研究的過程中發現了，現在所謂台灣所稱的FenTech，也就是所謂的金融科技，我發現他們已經透過電腦網路，把「需要借錢的人」跟「有資金的人」做結合，做到了網路借貸的商業模式。

既然是借貸的模式，那就是會有借貸利息的產生。仔細來看了一下，利率還真不賴，投資的利率從8%到30%都有，既然看到有這樣子的投資報酬率，那身為專業投資者的我，怎麼可以不好好的研究一下呢？

再仔細去研究這個領域，還真的不得了，類似這樣的網路借貸平台在中國大陸約略有3000多間。這種算是私人的借貸，私人借貸的利率，一定會比銀行還要來得高很多，

但是回到一個真理，天底下沒有白吃的午餐，所以還是有一個合理的界線。

依照借貸的形式，又分為「有抵押品」與「沒有抵押品」，沒有抵押品的，我就完全不考慮，而有抵押品的，種類琳瑯滿目，土地、房子、高級汽車、公司資產、珠寶…等等等，真的非常有意思。

在進一步研究，每年新增的平台大約會有300～400間，而每年跑路的平台會有300～400間，他們所謂「跑路平台」就是倒閉了。有的不肖人士會建立類似這種平台，提供很高的利率吸引投資人，等到累積到一定資金之後，就捲款而逃，人去樓空。

其實台灣這種案例也是屢見不鮮，不管是世界各地哪一個國家都會有這種事情發生，但依照中國大陸來說，因為他的分母龐大，所以感覺起來就好像會很多。

★ <u>選出精英中的精英</u>

對我來說，**投資就是要做好風險掌控**，於是我就繼續做功課，還記得前面提到有3000多個平台嗎？

**沒資金，沒背景，
靠這個5年財富自由**

我花了一個月的時間，研究所有這個領域的來龍去脈，我理出了一套投資規則，把所有可以掌控的風險因素全部都找出來。接著從這3000個平台裡，選出了50個左右的優質平台，按照比例來看，就是我選出（16/1000）的平台。接著再從這50個平台裡選出了10個平台，在這10個平台裡，分散500萬進去開始投資。

等於10/3000＝0.003的精英平台，2016年初我就飛了兩趟中國大陸去開戶，戶頭開完後一切全部都透過網路操作，中國大陸的網路銀行非常便捷，而且他們現在銀行跟銀行轉帳，10秒內就會到帳、真的是非常的厲害，更棒的是，就算是不同銀行之間也不需要手續費，省了不少手續費。

開始投資之後，每個月就看著這些平台，錢一直不斷地打進我的帳戶來，真的覺得很開心，也覺得很有意思。

這筆投資在這一年，500萬*18%＝90萬元，換算起來一個月有7.5萬的收入，也是一個還不錯的收入喔。

有時候看到電視新聞在爭吵18%的議題，我就會覺得暗自得意，因為我的18%不需要靠政府，我的18%靠我自己創造，自己的人生自己做主的感覺真好。

筆記

第五篇

富人賺錢秘密篇

5-1 做錢的主人，而非做錢的奴隸

我們要做金錢的主人，我們要追逐財富，很多的悲劇都因貧窮而發生。聽起來很有道理，好像大家都聽得懂，但是真正懂的人很少。

我不知道為什麼從小時候，這個社會就一直灌輸我們一個觀念，愛錢是不對的，總是把那些會賺錢的人，講的非常的難聽，更甚至有此一說「金錢是萬惡之源」。

小時候常常會有一些寓言故事，告訴我們錢有多麼不好。這真的是一種非常傷害我們財商觀念的一種教育，導致普遍社會大眾的財商觀念都不好。

水能載舟亦能覆舟，「錢」也是一樣的道理，如果今天把錢交到對的人手上，是不是就可以做很好的事情；但是如果今天把錢交到不對的人手中，那當然就會產生不好的結果。

我搞不懂為什麼我們的教育，總是要把負面的例子拿來教育我們的小孩，如果我們觀念正確追逐財富，變成有錢人之後，我們是不是就有能力可以幫助別人，可以讓你的家人、朋友受惠，給他們快樂幸福的生活，更進一步我們可以回饋社會，幫助那些窮困無助的人，這個時候怎麼不說金錢是萬惡之源？？

155

★ 成為製訂遊戲規則的人

　　我一直一直在強調的，我非常喜歡追逐財富，我喜歡財務自由。**但是我賺到錢之後，我絕非成為一個守財奴，我一定會把我賺到的錢拿出一定的比例，去回饋社會，幫助窮困的家庭。**但如果今天沒賺到錢，甚至變成很窮的人，在街上遊蕩、跟政府領救濟金，請問一下，是不是成為社會的負擔？？

　　所以不要羞愧與追逐財富，只要我們不偷不搶，用我們的智慧以及我們的努力去賺得財富，能盡量賺就盡量賺，每當你手裡多了1分錢，就增加了一點決定自己未來命運的籌碼。不要讓那些偏激人的觀念，綁住你的雙手、你的思想。我們要花時間讓自己富有起來，因為有了錢就有了力量，你就有說話的權利，你可以自訂遊戲規則，尤其是好的遊戲規則，有利於這個社會的遊戲規則。

　　從古至今幾千年來，一定會有見不得人好的人存在，這些人他們不願意讓自己富有，所以他們更不願意看到別人富有，他們會用各種方法、各種手段打擊你。每當我看到有人在講投資房地產的人全部都是黑心的，我就對這些人感到很遺憾，因為他們從來沒有真正的了解，我們付出的時間跟努力有多少，我們承受的風險有多大，當他們在快活的時候，我們在努力做事，當我們賺到錢的時候，他們才來酸葡萄心理。一開始的時候，我會覺得憤恨不平，但是現在，這種人實在看太多了，而且他們的等級跟我們的等級越來越遠，所以自然而然就不會再

去理會這種聲音。因為我們每達到一個階段之後，每追求到一定的財富的時候，就可以好好的犒賞一下自己，出國1～2個月好好休息一下，同時在休息的時候，也好好的思考，下一個階段要怎麼樣發展，所以我們之間的差距就會越來越大。

我必須說賺錢的多或寡，不能用來衡量，當作人生成功與否的標準，但是毫無懸念的是，你可以透過這個人，他「對社會的貢獻」，來衡量他的成功與否，可以確定的是唯有你的收入越多，你才有機會貢獻比較多，思考一下，郭台銘、王永慶、張忠謀，他們為這個社會創造了多少的價值？？繳了多少的稅金？？

某些人他們之所以沒有錢，那是因為他們不了解錢，等到你真正的了解錢之後，你就可以駕馭金錢，做金錢的主人。

所以現在開始對自己說一遍：

» 我不要淪為窮人，

» 我要賺錢，

» 我要用財富改變家人跟我的命運，

» 我要讓金錢當我的奴隸，

» 我要學習任何一切方法，讓金錢幫我工作。

現在開始把這些話寫下來，放在醒目的地方，每天念一遍，然後去實踐它。

5-2 不要拖延 馬上採取行動

世上成功人士的特點之一，就是他們的行動力非常強。我身邊認識不少業績很好的業務、生意做得很好的老闆、甚至是政治人物，他們的共同特點，就是有非常強大的行動力。常常聽到有人說：「我有一個無與倫比的計劃，一定可以賺大錢」。但是你要知道，這世界上最好的計劃、最棒的理論，如果你不採取行動，再好的計畫都沒有用。**這個世界上從來就不缺好的想法，缺的是可以把這些想法貫徹始終的人。**成功沒有什麼特別的秘訣，想要取得好的成就，當然比別人聰明或者是有特殊的天份比較吃香，但是如果沒有的話也沒有關係，因為只要肯積極行動，你就會越接近成功。

可惜的是，大部分的人都知道這個道理，但是他們並不會改變。所以到最後就選擇平凡庸庸碌碌的過了一生。就像你現在這本書已經看完了，心中充滿著很多想法及主意想要去做，但是當你手上這本書放下之後。發現：

» 昨天的韓劇看到一半還沒看完，我先去看再說。

» 晚上跟朋友有約要唱歌，我明天再來開始。

» 原本計劃好今天要出去找案件，但是現在外面下著大雨，心中想著，我看還是等到明天看看雨小一點之後再出去好了。

如此一來你就掉入了沒有付諸行動的陷阱，你會發現你身邊很多平庸的人失敗者，他們其實也是一種專家，就是找藉口的專家。如果他們不想做的事，他們就會找各種的理由，甚至他們還可以花時間去找出一套相當令人可信的理論，來去證明他們做不到這件事情，真的很厲害。

★ 取得市場結果並且修正

反觀成功的人不管他是從事什麼工作，一定都是自我管理相當良好，是一個自動自發、會好好製定計畫的人。我喜歡在紙上談兵，因為這是前期的沙盤推演，但是我沒辦法接受討論完之後就停在那裡，不可否認沒有一個計劃當作基礎是不行的，但是**你一定要有一個「時間截止點」**。不可以永無止境的紙上談兵，一定要去付諸行動，這樣你才可以知道：

» 你的計劃是對？是錯？

» 有沒有哪邊需要去做修改？

» 市場上真正的問題是什麼？

譬如說，你覺得自己是積極型的投資人，你想要投資類型的產品，在你的計劃中，你可以賺到多少錢？在多久之內你可以成為富翁？但是你永遠沒有出去找案件，或者是你永遠沒有出去上課學習，或者是你沒有出去交朋友，你的計劃再漂亮都不會實現。尤其是做不動產的投資，你的行動力一定要強過其

他的人，不然好的案件一下就被搶走，就因為你今天沒有付諸行動，你都不知道你錯失的是幾百萬的獲利。

然後要提醒你，**不管我們的計劃有多周詳，不管我們演練了幾次，相信我；你的計劃永遠不可能按照你的計劃走。**所以不要因為沒有照著計畫走就灰心，我們的計劃必須要按照的市場的機制去調整跟改變。

★ <u>沒有人在乎你</u>

失敗的人有一個共同點，拒絕改變、拒絕相信。喜歡留在舒適圈，其實這個是很正常的，因為人對未知的東西，會有莫名的恐懼感。很多人因為他們不相信自己可以做到，所以他們認為只要我今天改變了，或許我會破產。或者是我會身敗名裂。因為這些恐懼控制他們，所以他們不敢踏出那一步，有些人的資質非常得好，理所當然應該事業有成，但是因為恐懼導致他們卻跨不出那一步，非常的可惜。

有很多人很天真，認為別人會關心他們的事。希望政府要照顧他們、希望公司要照顧他們，但事實上；除了你自己以外，沒有人對你的事感興趣。說實在的，「今天我（你）的人生成敗，跟你（我）有什麼關係呢？？」所以如果有關於你自己利益的事情，你就要自己處主動的行動，因為沒有人會在乎你，**如果你等著別人幫你把事情做好，那你就準備等著失望吧。**

到目前為止，我看過不少人，感覺起來就是你把錢捧在他們的面前，他們也不太願意伸手去拿，所以如果今天你期望別人幫你行動，但你卻是沒有行動力的人，那損失的絕對就是自己。如果今天有一個案子可以讓你賺100萬，你卻不親自去處理，你找了別人代勞，那100萬有賺到就好，如果沒有賺到的話，你要怪誰呢？？所以重要的事，你只有靠自己，才不會讓自己失望，而且自己的命運自己掌控，聰明的人會想辦法創造機會、掌握命運。

★ 沒有十全十美的事情

還有另一個問題，很多人都想要等到時機成熟，等到方案十全十美時才行動，但是其實別人早就已經出發了，有一點很現實：「**市場不會等你**」，等你覺得十全十美的時候，**市場狀況跟遊戲規則早就已經改變了**。當然不可以魯莽行事，一定要有一些基礎的計劃後，再去行動，在「零失誤的投資方程式」中，就有許多的方向跟策略，可以幫助沒有任何基礎的新手，快速調整自己的狀態，省下許多時間，少走許多冤枉路。

最後要說的是，不管怎麼樣，要強迫自己養成好的習慣，習慣是很強大了力量，習慣一旦養成了，你要改變就不是那麼容易，要有「現在馬上做」的好習慣，不要等到十全十美之後才去做，永遠沒有完美的事情。「**行動力**」不需要特殊的聰明

才智，只要努力的培養好習慣，你必定可以在你的人生或事業或投資上開花結果。

5-3 厚利才能賺大錢

★ 投資也能薄利多銷？？

各位一定有聽過「薄利多銷」這四個字，這四個字害死了很多人，包含不動產這個業界也是一樣。

我在尋找案件的時候非常的謹慎，但有的仲介為了要業績便告訴我，有的投資人他們在「薄利多銷」。他們的做法，就是**大量的購買利潤沒有很好的房子**。正常來說一個投資案件，我們應該要去找市價8折的案件，但是他們就只找低於9.5折的案件，無庸置疑9.5折案件一定比8折案件要來得好找，所以他們可以用很快的速度找到這樣的案件，然後只賺一點點的錢就把房子脫手，他們手上隨時都有個20件到30件左右的案子。

那個仲介跟我說：「你看人家這樣賺錢速度才會快，周轉率快才是王道。」

★ 當市場反轉時

聽起來好像很有道理，但是他們這種投資方式，等於沒有把風險控管計算進去，在房地產交易熱絡的時候，這一種投資方法行得通，但是景氣一旦反轉，不動產不是你說能夠脫手，就可以馬上脫手，以這兩年的房價確實明顯在下修，而且修正的幅度大約在15%到20%。所以各位自己去思考一下，假設一個

163

房子價格為1000萬元，他們每一個案子損失10%～15%，也就是損失100萬元到150萬元

20個到30個案子，所以保守估計，他們就損失2000萬元到4500萬元。

再來第二點，**你認為他們賺取這樣微薄的利潤，會把房子的基礎建設做好嗎？？**為了要提高自己微薄的利潤，就很有可能偷工減料，所以才會變成人家所謂的黑心投資客、黑心裝潢。

第三點明明我跟他做的事都一樣，但只是策略不一樣，結果就會差很多。我跟他們都做一模一樣的事情，我做一個案子，他們要做2個案子，**他們要花的時間是我的2倍，要忙碌的程度也是我的2倍，但是我跟他賺到的錢卻是一樣**，所以看看他們，我不知道他們在忙什麼？確實周轉率很快，但是賺得錢卻比我少，最棒的是我不用擔心，今天就算房價跌了15%我也不會虧錢。

★ 時間證明一切

後來時間證明，我的「零失誤投資方程式」裡面的各種策略是對的，因為他們現在很多案件全部都卡住，獲利肯定是別想了，更慘的是如果之後貸款繳不出來，他們的案件就會進入法拍程序了，到頭來錢沒賺到，還把自己的信用給搭了進去。

　　所以不要把「薄利多銷」這四個字用在房地產投資上面，看看最專業的建商就知道，每個案件口袋都賺飽飽的，誰在跟你薄利多銷阿……，結論就是，如果你時間也花了，錢也花了，但是錢沒賺到，那到底是在幹嘛呢？

5-4 想成功要跟幾種人保持距離

一路以來在打拼的路途上，總是會遇到形形色色的人，有結交過各式各樣的朋友得到一個結論，如果今天你想要有一番作為或者是想賺到一些錢，有幾種人不要跟他們交往：

★ 第一種人

對人生已經投降的人，他們認為自己能力不足，認為社會不公，老天爺不公平，這種人認為成功的人之所以會成功，是因為成功的人是很幸運的人，他們卻沒有這種運氣。這些人他們選擇渾渾噩噩過一生，他們內心明明知道要接受挑戰，但是卻因為覺得很困難或者是很麻煩，於是就說服自己並不是適合做這件事情的人，然後就放棄。這種人他們看不起自己，讓消極的心佔據了自己。但是有智慧的人，不會因為自己的命運差就坐下來自哀自怨。

★ 第二種人

他們覺得自己不行，所以就要想辦法在你前進的道路上阻礙你，有很多人在奮鬥的過程當中，就是被這種人嘲笑潑冷水、甚至是背後捅你一刀。這種人嫉妒心很強，看到你正在努力的上進，他們會想盡辦法阻饒你、讓你很難受。我們沒有辦法去阻止他們成為這樣的人，但是我們可以告訴自己：「不要

被這樣子的人影響，以免降低我們的思考水平」。因為他們自己沒什麼做為而感到害怕跟空虛，所以一定要拉所有的人跟他們一樣一事無成。

★ 第三種人

半途而廢的人，這些人本來都有很大的計劃、目標，但是隨著工作阻力的增加，想到要更上一層樓但是需要更艱辛努力的時候。他們就會覺得太困難、太辛苦，進而放棄自暴自棄。其實這種人非常的可惜，他們非常有才能，但是卻又不敢重新冒險，進而埋沒了他們的才華。

要切記！說你辦不到的人，都是無法成功的人。他的成就就是普普通通而已。這種人的意見對你有害無益。我們要多加防範這種人，把他們的看衰我們的負面能量，轉換成為我們的正面能量，更要證明給他們看。

★ 賜予我艱辛的道路

我記得很清楚，我在五專的時候看過美國著名的五星上將「麥克阿瑟」的書，他的一句話，我到現在都還記得很清楚，他說：「親愛的上帝，請賜予我最艱辛、最困難的路」。我當初不能理解，為什麼他要說這句話，但隨著時間的推移，個人的成長，你就會發現，只要你有辦法從最艱辛、最困難的道路

走過來，你的能力將會變得非常的強大，更甚至你可以在漫長的歷史之中的一頁留下你的名字。

你要挑戰令人不舒服的逆境，你將邁向成功的捷徑。把痛苦的逆境當作是人生必經的經歷。如此一來；你就可以更容易地去接受，不讓悲觀來左右一切，也不去屈服各式各樣的阻力，更不要相信自己只能渾渾噩噩度一生，我們要保持樂觀，這樣我們可以成為各個領域的佼佼者。

所以想要成功的方法就是：「我們要盡量少跟消極的人接觸，要多跟積極的人來往。」

5-5 房子都是投資客都在炒作的？？

★ 投資客炒作房地？

常常聽到別人說：「房地產都是你們這些投資客在炒作的」，對於這句話我真的非常不能認同，我覺得真的在炒作的排名如下：

» 第一名是建商。

» 第二名就是一般的屋主。

» 第三名才是投資客。

為什麼這樣子說，因為就建商來說，每當只要有一個建商在某一個地區蓋了一個件案，如果這附近原本的價格是20萬/坪，但是建商他們的開價就要設定在50萬/坪，建商他們請的代銷真的非常的厲害，總是有辦法把案件銷售一空，所以當附近的老舊房屋的屋主，看到這裡的新房子一坪竟然可以賣到50萬/坪，那我也要來賣40萬/坪，所以附近的周邊的房屋價格，就被建商的新建案帶動上去。

★ 第二名是一般屋主

投資客買了房子都會整理做裝潢，所以當然會比這附近該區與相同類型的房子的價格還要貴（因為要加上裝潢的成

本），所以投資客的房子可以賣的價格比較高，是因為這個原因，銀行看到你的房子有裝潢，就願意貸比較好的價格給你。但是普遍一般的屋主，他們的房子動輒住個20年到30年甚至40年完全沒有整理過，假設這邊的行情是20萬/坪，他們聽說同樣一條路上投資客賣25萬/坪，一般屋主是不理性的，他們才不管你這麼多，他們不管自己的房子有沒有裝潢這件事，他們要賣的價格就是要賣得比投資客的價格還要貴，最後只要買方妥協，老舊房子的價格就被拉上去。

所以這是一種人性跟邏輯上的問題，這裡會提到這點，就是希望不要一竿子打翻一艘船的人，要用事實跟邏輯去分析每一件事情，不要把所有投資人都冠上莫須有的罪名。

5-6 想要成功就離開你的舒適圈

這個宇宙很有意思，這個宇宙把我們人類或者是生物，設計成**必須要接受痛苦才會進化成長**。生物為什麼要進化呢？

就是為了要比別人強，你才可以生存下去。成功的人，他們早早就已經明白了這個道理。

在我從小的時候，我一直認為只要是人都想要賺錢，因為我常常聽到大家每天高喊著：「我想賺大錢！」。所以我一直認為這是理所當然的事情，一直到我做了業務之後，甚至自己創業之後，我才發現事情不是這樣子，我發現有太多的人，口口聲聲說著他們想要賺錢，但是為什麼他們賺不了錢？？

那就是因為他們，離開不了他們的「舒適圈」。

★ 什麼叫做舒適圈？？

今天我們下班之後，你可以選擇開開心心的去洗個澡，洗完澡之後捧著飲料、零食，然後舒舒服服的，躺在沙發上或是床上，看著好看的韓劇、電視節目，看得累了眼皮酸了，就去舒服的床上睡覺，迎接第二天的來到。

還是你選擇下班之後，為了你想要達成的目標，別人都已經在休息了，在看電視了，或是跟朋友出去唱歌、喝酒、跳舞、打牌的時候，但是你卻選擇學習。

或是你很清楚知道，你現在所處的行業或工作，沒有辦法讓你變成有錢人，但是你對你所處的這個行業或者是工作已經非常的上手，你已經不用花太多的心力，就可以把這個事情做好，但是這個工作的發展性已經不高了，個時候該怎麼做抉擇呢？？

是要選擇繼續留在駕輕就熟覺得舒適的圈圈裡？？

還是趕快想辦法去研究什麼樣的工作或方向才可以給你帶來成功？？

★ <u>痛苦將帶來成長</u>

離開舒適圈很痛苦，因為完全陌生的環境跟領域，而且更可怕的是，當你離開舒適圈去嘗試新的領域，不見得一定會成功；但是如果你有成功者的特質，你就不會害怕這些失敗。**因為唯有透過快速的失敗，才可以加速你的成功。**當別人放假的時候開開心心的出遊、規劃出國，而你卻要努力的去看房子，利用空閑的時間去上課、認識仲介、銀行業務、代書、工班。當別人正在規劃怎麼花他賺來的錢，手上拿著Apple手機，腳上穿著名牌鞋，身上穿的潮服，去夜店跳舞，去KTV唱歌、去酒店喝酒玩樂時；你卻對於你的收入支出錙銖必較，去思考要如何把這些錢存下來，存下來之後要如何利用這些錢去賺大錢，讓未來的自己好過一點。

上面所說的都是「痛苦的」，都是「違背人性」的，人性有「尋找快樂的本能」。如果生平無大志，想要平凡過一生，那我真的非常的羨慕你，因為這樣的確不會有太多的煩惱，但是記住一句話：「人無近患、必有遠憂」。

　　如果你不甘於現狀，想要有一番作為，麻煩請你走出你的舒適圈，竭盡可能的去學習：

　　用最快的時間去「大量失敗」。

　　用最短的時間去「碰撞矛盾」。

　　很快的；你就會在你想要的那個領域成為佼佼者。

　　記住一個真理：**「改變是痛苦的，但是痛苦將會帶來成長」**。

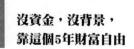

5-7 要致富，從改變自己開始

成功要從改變自己開始，最重要的要改變的是什麼呢？最重要改變的就是觀念，一到你的觀念導正了，你執行起來就會有方向。

★ 第一個觀念：時間對你來說的價值

「時間」這兩個字，我不知道對你來說時間的定義是什麼？對我來說時間是全世界最珍貴的東西，當你越有目標，越有自己的事情要做的時候，你就會越發現時間的珍貴。世界首富排行榜的常客——比爾蓋茨曾經說過相同的概念，他說到：「**就算我用盡我全部的身家財產，我也沒有辦法買回已經過去的1秒鍾**」。這句話讓我震撼了好一下子，讓我好好的思考了時間的重要性，他說的完全沒有錯，不管你是窮人或者是有錢人，時間一律是平等的，所以不要浪費任何的時間，時間就是我們本身的商品。

有的人一個小時賺150。

有的人一個小時賺3000。

有的人一個小時可以賺10萬元。

為什麼同樣都是人，但是可以創造的時間價值卻完全不同？

這個取決於什麼？取決於你改變了什麼。

★ 第二個觀念：好的習慣的培養

改變自己的做事「習慣」，有的人自己不太願意改變，但是卻想要尋求別人的幫助，這些別人往往會是你的朋友，但是你朋友為什麼要幫助你？你永遠沒有辦法去明白別人在想些什麼，你與其要等別人的幫助，我們不如改變自己，讓自己「**成為可以幫助別人**」的那一個人。

「下班好累喔～還是明天再出去看房子好了～」

「現在外面下雨了，晚一點看看雨會不會停，再決定要不要出去看案件」

「今天我的追劇有出新的了，我先看完之後再來研究功課。」

如果你真的想改變，那就把想法反過來

「下班好累喔～但我至少要看兩間房子。」

「現在外面在下雨，沒關係那我現在還是一樣出去看房子，搞不好等一下雨就停了。」

「今天有新的追劇出了，那我趕快做完功課，就可以放鬆一下看我的韓劇了。」

諸如此類的一個觀念改變，一個做法改變之後的結果會完全不一樣。如果你比別人多堅持走幾步路，那你就可以看到更多更好的風景，有的時候你可能想要動身去看房子，但卻不知道從何下手，在「零失誤的投資方程式」中，看房前的策略規劃以及開始看房中的看房「17大密技」，不管你是初學者還是新手投資人，都可以在短時間內找到自己的方向。

★ 第三個觀念：學習放大你的格局

訓練自己「眼光放遠」，學習去看總體的局勢然後分析，這樣做，是在訓練你的眼光可以看到多遠。「**一個人能夠看到未來的發展有多遠，那你的成就能夠有多大**」。有錢人的思維模式總是與眾不同，當他們在做第一步或第二步的時候，你看不懂他們在幹嘛。他的真正的意圖總是在最後結局的時候，你才會恍然大悟說道：「原來如此啊！」，但是這個時候他們的目的都已經達成了。所以改變的另外一個方式，是把眼界「放大」、把眼光「放遠」、把思維「放大」。就是在籌劃自己的規劃時，時不時地就要問問自己，我現在是在第幾步了？是只有想到1步2步？還是你已經想到5步6步了？？

★ 第四個觀念：堅持與相信

「堅持與相信」，有人會說我沒有那麼聰明，我不是這塊料，但是我要告訴你，**很多有錢人不是天生下來就是天才，有**

錢人的能力不是天生的，都是從小時候並且從小處、小事物開始培養的。

我不可否認有些人是天才，有些人反應以及腦袋的確是比別人好，但是**成功跟致富比的是「耐力賽的馬拉松」而「不是100公尺的衝刺」**。我自己從小在學校的成績就不是很好，我也知道很多人都比我聰明，龜兔賽跑理論想必大家都聽到不想聽了，但是有幾個人能夠真正做得到「烏龜精神呢？」以我目前為止的觀察，越聰明的人反而就越沒有耐心，反倒是我們這些不是很聰明的人，反正也沒有別的可能性了，所以就老老實實按部就班地去做吧，最後反而基本功、基礎都打得比那些聰明的人還要紮實，回去看看班上那些吊車尾的，有時候成就反而比前幾名的好喔。

所以想要賺大錢嗎？？

想的話，那就從改變自己開始吧！

從什麼時候開始改變呢？？

從現在就開始改變。

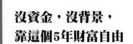
5-8 想投資房地產但是怕背負投資客的罵名？？

黑心投資客？還是黑心屋主？與其說黑心投資客，我認為要用數據來看事實，電視名嘴老是在說黑心的事件，但是我們今天真的來把所有的購屋糾紛全部拿出來看一遍，難不成你真的可以說購屋糾紛全部都是投資客造成的嗎？？還是其實一般的屋主跟買方之間造成的糾紛呢？？不相信的人可以自己去稍微網路上搜尋一下。

當你如果研究到一定的程度的時候，就會發現專業在做投資的人，他們的裝潢施工，一定會比一般的屋主還要來得專業，更甚至**我們已經有自己的工班，並且還有售後服務，一旦賣出的房屋有什麼問題，一通電話馬上就過去解決，非常的負責任，非常爽快地去做處理**。反倒是很多一般屋主，房子賣掉之後，錢拿到手了就避不見面，有問題也不想處理，搞到仲介服務人員頭痛的要死，時不時還要跑法院。

有售後服務的投資客，仲介非常喜歡介紹可以賺錢的案件給他，因為賣他的案子不用擔心後續有糾紛的問題，所以這樣的人反而才有辦法賺錢，我們先把破舊的房子整理得漂漂亮亮、舒舒服服，又很重視基礎工程，讓一般的買方，不知道要怎麼樣設計的人，只要傢俱行李搬一搬，直接就可以入住。這樣子的案件，仲介服務人員也比較好銷售，要當這樣的投資客，就必須要有自己的工班，在「零失誤的投資方程式」中，有提到如何找到好的工班的訣竅，讓沒有經驗的人，也可以快

速輕易的找到好的工班。

　　我不是說所有的投資客都是好的，但是我要強調的就是不要人云亦云，要用數據去檢視事實真相，這樣才可以用更公正的眼光去看待這個世界。

　　必須承認的是，的確是有一些不肖的投資人，會利用一些奇怪的手段來達到他們賺錢的目的。而且我觀察社會上現在仇富的現象非常嚴重，所以只要你有賺錢而且賺的錢比一般人還要多，那你就是黑心。然後就會把一些極端的案例，全部套用在有錢人的身上，這是不健康的現象，所以各位讀者如果聽到奇怪言論，要站在中立的角度去思考事情的合理性喔。

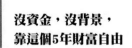
5-9 成功者不怕犯錯

有個成功的長輩跟我說過：「人生是注定要犯錯的，不犯任何錯誤的人，注定是一無所成的人。」你如果閱讀很多成功人士的自傳，你會發現90%的創業者，都不是天才，只是他們敢勇於冒險嘗試。

以我自己本身來講，我犯的錯誤不計其數，現在我的一切成就，全部都建立在我之前犯的大小錯誤上面，如果我過去沒有從很多小的錯誤去學習，現在也沒有辦法去掌控大的事物。

但是大部分人擔心如果他犯錯了，會被旁邊的人恥笑，會被旁邊的人責備，所以選擇跟著社會的大洪流一起走，不犯任何錯誤，因為這樣子最安全，但是事實上這個是最危險的，「因為一旦有事情發生的時候，沒有犯錯經驗的人，通常是第一個陣亡的人。」

想成功的人卻不這麼想，**只要我們知道，我們做的是正確的事情，我不怕別人笑我，我不怕別人異樣的眼光。**我們想要做好一件事情，我們就要設定目標，目標一定要設立大一點，要超出自己的能力範圍約20%。為什麼是20%？這是我去計算過的一個數字，不會把自己逼得太緊，但是也不會讓自己鬆懈。然後我們要承諾別人，那些我們可以做得到的事。雙方有了承諾的關係存在，為了維護你的承諾，你就會更認真的去達成。

★ 承諾沒做到怎麼辦？

有人問我：「如果承諾了之後做不到怎麼辦？」

我回他：「這是一個很好的問題。」

我的回答是：「如果做不到的話，那就做不到吧～～做不到的話，那也沒有關係啊，我們再調整目標繼續努力可以吧！？」

至少你有踏出這一步去嘗試，

很重要的是，你在你的過程當中有沒有盡力？

你有沒有在這過程當中學習到什麼？

如果你盡力了，但是因為某些因素沒達成，在旁邊看的人會責怪你嗎？？

他再問我：「如果沒做到，那我不是浪費的時間嗎？？」

我又回答他：「**只要你努力認真的去做一件事情，我可以百分之一百跟你肯定，你的時間絕對沒有浪費，你必定從你正在做的事情當中學習到一些事情。**至少至少，你學到了你現在在做的這件事情或許不適合你，你就可以再繼續朝別的方向前進。」

各位讀者，你覺得我剛開始在投資的時候，我不會怕嗎？？說實話，我非常的害怕，但是；我想要成功，我想要脫

離貧窮，所以我必須去面對我的恐懼，我必須不怕犯錯的去嘗試任何可以讓我成功的事情。

◎**重要提示**◎

提提醒各位，我指的犯錯，是指一些我們通常會遇到的小錯誤，我沒有鼓勵各位去犯一些「致命的錯誤」，以不動產投資來講，我可以清楚明白告訴你，你可以犯的是什麼錯。你唯一可以犯的錯就是：「初期時錯失投資的機會」，讓可以投資的機會從你手上溜走，進而從這樣子的錯誤中去吸取經驗跟教訓，當你錯失過2到3次投資機會時，你就可以很清楚明白，下次有遇到好案件該怎麼做。你就會從這些錯失的案件中，反覆思考，下一次如果有這樣的機會，我該怎麼做？？或者是這一次的機會為什麼我沒有把握住？？**投資機會的錯失，通常是建立在許多的小錯誤上，**要好好的回頭審視這些小錯誤是什麼，然後再修正自己的做法，所以需要時間和耐心；而不是犯策略上最致命的錯誤——買到不對或是錯誤的案件，若你犯這樣的錯誤，那你就直接出局了。不過不用擔心，就算不懂房產投資的新手，只要遵守「零失誤的投資方程式」準則跟策略，其中提到的投資最高指導原則，絕對可以把致命的錯誤全部給排除在外，安心快樂的投資。

5-10 擁有富人的氣質

要怎麼樣擁有，有錢人的氣質？？

請注意，我說的並不是外在的物質表相，是：很名貴的包包、雙B轎車、珠寶首飾……等等，這些全部都是很表面的東西，那我指的是什麼？？

我指的是「思維模式」以及「行為模式」，所以如果你經常接觸有錢人，你就有機會變成有錢人。為什麼？因為一旦你經常接觸他們，就有機會去學習他們的經驗，你會在與他們的相處中，得到很多靈感以及賺錢的機會。而他們的這些靈感是從哪邊來的呢？？我相信他們一定也是跟自己同樣水準的人互相交流，大家的思想碰撞之下，又產生出更好的點子。

以前常常聽到有人說很多有錢人都很勢利眼，但我發現事實上不是這麼一回事，我發現大概有95%的有錢人是非常謙虛以及低調的。但是有少部分的有錢人會做一些很誇張的行為，再加上這個社會上沒錢的人居多，所以當某些少數份子做出誇張的行為，自然而然就會引起這個社會的不滿。

★ 有錢人都很勢利眼？？

但是為什麼有錢人會讓家覺得勢利眼？？我觀察到每一個故事的背後都一定有一個原因，「可憐之人必有可恨之處。」

如果：

» 你每天工作12～15個小時。

» 你沒有所謂的休假時間。

» 你無時無刻都在想辦法，充實你自己，加強自己的專業。

» 休假時、下班後你勤於在外奔波，培養你自己的人脈。

» 你每天凌晨2點睡覺，早上7點起床。

而另一個人

» 每天工作8小時準時下班。

» 更甚至上班的時候打混摸魚，罵老闆、罵公司、罵主管。

» 遇到不順利的事情就怨天尤人。

» 下班之後就是休閒娛樂。

» 休假的時候到處跟酒肉朋友吃吃喝喝。

» 沒有生活規劃，總是過著寅吃卯糧的生活。

隨著時間的過去，有一天這一個人跑來找你說：「好兄弟、好姊妹，我現在沒有錢，可不可以跟你借錢？」或是「我現在需要你幫個忙，需要你經營的人脈跟資源。」或是「我現在需要你幫忙，需要你的專業知識」。請問一下正常的人會有

什麼反應？？當然或許一次兩次幫個忙，我們都認為無傷大雅，但是如果變成常態了呢？？當然會回絕他們阿！這時被回絕的人心裡一定不會好受，並且這樣的人是不會自我反省的，所以就會到處去說你的壞話、說你勢利眼，但是我們自己心裡明白，這個不是所謂勢利眼，這是兩個人站在不同的高度的問題。

★ 不要薪水也要跟著有錢人

　　我最常做的事是，如果我知道有一件事可以賺到錢的，我知道某一個人可以跟他學習的，我今天會想辦法跟他接觸，甚至可以免費幫他工作，你會說：「怎麼這麼傻，幫別人免費工作」。但是相信我，有些高手，就算你想要免費跟在他身邊，他們還不一定會讓你跟。你現在的無償做事，可以換到未來非常大的價值，這個就要看你著利於眼前，或者是眼光放在未來？？沒騙你，我常常對很多前輩的思維模式，真的佩服的五體投地，在「零失誤的投資方程式」中，有許多經驗，就是我花了許多時間，去跟有錢的前輩們，幫他們做事，一點一滴累積起來的，很多靈感都是從這些無償做事當中取得的，很多道理都是在幫他們做事時悟出來的，我把這些方法整理歸納後，就成為「零失誤的投資方程式」，對於有心想要學習投資致富的人，不需要去抱有錢人的大腿看別人的臉色，只要透過這個方程式，就可以輕鬆學到我11年來全部的心法。

所以想要變成有錢人，你就必須向有錢人學習，即使是一會而也好、去站在有錢人的圈圈裡，至少你可以觀察到他們是怎麼運作的。

5-11 誠信 規則 契約 原則

最後一件事情非常的重要，說話要誠實，做人處事的最高原則，就是誠實正直的經營自己以及自己的事業。

★ 誠信

不能背叛給你消息來源的人，說到的話就要做到，所以不能隨便亂說話，今天要說話之前、要答應承諾之前，必須仔細的評估權衡自己的能力。

★ 遵守契約精神

你要簽一個契約之前，你可以慢慢的、好好的思考，你要清楚的看好條約內容，一旦你看完了代表你也清楚了，不要去犯了經商、投資最大忌諱：「毀約」。如果因為誤會造成的毀約一次情有可原，但是別人在你的人格上已經做了記號，但如果你常常毀約，那我保證你一定很快就會消失在這個市場上。

能夠做到以上幾點，你就可以讓人信任，人最大的痛苦是什麼你知道嗎？？「是不被人信任」，一旦你不被人信任之後，不管你要做什麼事情，一定都沒有人會幫助你，相反地；如果別人都很信任你，你做任何的事情絕對是一帆風順。

在市場上各式各樣的投資人都有，我時有耳聞仲介朋友在

跟我抱怨，某某投資客說話不算話，某某屋主明明講好了要簽約最後一刻又反悔，這些人最終會消失在市場上，他們把自己本身最珍貴的東西給浪費掉了，就是自己的「品格、人格、信用」。過去不管你是什麼樣的人，如果願意，從現在開始慢慢培養也可以。

很多真理在2000年前，我們的老祖先就已經放在哪裡，告訴我們了，我很佩服的老祖先之一就是陶朱公，在古代科技跟資訊沒有這麼發達的年代，他們都已經有很深的智慧，我尤其把陶朱公經商１２訓、陶朱公經商１２戒、陶朱公經商１８則，銘記在心，我要分享給各位，希望各位也銘記在心。

★ 陶朱公經商１２訓

1.「能識人」知人善惡　賬目不負

任用品德好的人，賬目清楚不虧損。

2.「能用人」因財器便　任事可賴

依照才能器識任用，處理事情自可信賴。

3.「能知機」善貯時宜　不致蝕本

在適當的時機貯藏適當的貨物，就不會虧本。

4.「能倡率」躬行以率　觀感自生

以身作則，員工自會效法。

5.「能整頓」貨物整齊　奪人心目

貨物分門別類擺放整齊，自能吸引人注意。

6.「能敏捷」猶豫不決　到老無成

做生意要果斷，否則貧窮以終。

7.「能接納」禮義相交　顧客者眾

以禮義與顧客博感情，自然商機不斷。

8.「能安業」棄舊迎新　商賈大病

拋棄老顧客，只重新顧客，是經商大忌。

9.「能辯論」生財之道　開引其機

創造財富的方法，要主動引導開創商機。

10「能辦貨」置貨不拘　獲利必多

購買貨物不可縛手縛腳施展不開，一定能獲利多多。

11「能收帳」勤謹不怠　取討自多

催收賬款一定要勤快謹慎不過懈怠，自能多回收賬款。

12「能還帳」多少先後　酌中而行

償還賬款要斟酌多少先後的順序，收支務必要求平衡。

★ 陶朱公經商１２戒

1. 莫慳吝　些少不施　令人懷怨

2. 莫浮華　用度不節　破敗之端

3. 莫畏煩　取討不力　付之無有

4. 莫優柔　胸無果敢　經營不振

5. 莫狂躁　暴以待人　取怨難免

6. 莫固執　拘泥不通　便成枯木

7. 莫貪賒　貪賒價昂　畏還生恥

8. 莫懶收　輕放懶收　血本無歸

9. 莫癡貨　優劣不分　貽害罪淺

10. 莫味時　依時不兌　坐味先機

11. 莫爭趨　貨貴爭趨　獲利必先

12. 莫怕蓄　賤極貯積　恢復不難

★ 陶朱公經商十八則

1.生意要勤快，切勿懶惰，懶惰則百事廢。

2.接納要謙和，切勿暴躁，暴躁則交易少。

3.價格要訂明，切勿含糊，含糊則爭執多。

4.賬目要稽查，切勿懈怠，懈怠則資本滯。

5.貨物要整理，切勿散漫，散漫則查點難。

6.出納要謹慎，切勿大意，大意則錯漏多。

7.期限要約定，切勿延遲，延遲則信用失。

8.臨事要盡責，切勿放任，放任則受害大。

9.用度要節儉，切勿奢侈，奢侈則錢財竭。

10.買賣要隨時，切勿拖延，拖延則機會失。

11.賒欠要識人，切勿濫出，濫出則血本虧。

12.優劣要分清，切勿混淆，混淆則耗用大。

13.用人要方正，切勿歪斜，歪斜則託付難。

14.貨物要面驗，切勿濫入，濫入則質價低。

15.錢賬要清楚，切勿糊塗，糊塗則弊竇生。

16.主心要鎮定，切勿妄作，妄作則誤事多。

17.工作要細心，切勿粗糙，粗糙則出劣品。

18.說話要規矩，切勿浮躁，浮躁則失事多。

5-12 運氣是精心策劃的產物

麥考米克美國早期商業傳奇人物，他說過：「幸運是設計的殘餘物質」。這話讓人聽起來摸不著頭緒，這句話背後的含意就是，「**我們創造自己的幸運，我們設計自己的幸運。**」

在許多人的眼裡幸運永遠是與生俱來的。不可否認極少數部分的人，的確是受這個宇宙眷顧的幸運兒，但是那個只是極少數部分的人。如果我們不是那少數的人，那我們要盡早認清自己的現況，不要找藉口、不要怨天尤人。

在某些人眼裡，只要看到有人升官、發財、在某一個領域取得成功、投資、生意勢如破竹，馬上就會用酸葡萄的心理說：「那還不就是運氣好而已」。我可以肯定像這樣子的人，他們永遠沒辦法明白了解一個道理，一個可以讓自己成功的偉大真理，那就是：「每個人都是他自己命運的設計師跟建築師。」

★ 盡早看清事實

我本身家境小的時候不是很好，我明白老天爺沒有給我很多的幸運，所以我從小就告訴我自己，我不靠老天爺賜給我幸運活著，我很清楚要藉由計劃、執行力、意志力，來讓幸運眷顧我、讓我成功。

我們在賺取利益的戰場上，要勤於思考、行為謹慎，你要

能夠看得到一切可能存在的危險，或者要能看得懂，別人認為的危險實際上是機會。在商場上，你要像戰場上的指揮官一樣，選擇攻擊什麼樣的目標，並且選擇什麼樣的武器。

往往在跟一些朋友聊天的時候，他們如果知道我有買到好的案件，跟賣到好的價格，總免不了會說：「你的運氣真不錯」，但是真正認識我的人一定不會說這種話，因為我真的是非常的認真努力在我的領域上。當別人在工作的時候，我在工作、我在做研究。當別人在玩樂的時候，我還是在工作、還是在做研究。我平均每天工作12～16個小時，所以我賺的錢比別人還要多，我覺得只是剛好而已。

我也相信運氣，**但是運氣來的時候，你有沒有一套好的系統去把這個運氣抓住？？**如果我們要精心策劃我們的好運氣，那我們就需要有好的計劃，好的計劃就有好的設計，有了好的設計之後，只要好好的執行，那就一定能夠發揮作用。

★ 在思考設計計畫的時候

» 第一，先了解自己的目標。

» 第二，你想要成為什麼樣的人。

» 第三，你有什麼樣的資源。

然後把你的目標跟你的資源去做結合，在執行的過程中如

果沒有資源，那就想辦法去尋找資源，然後再把資源做結合，再形成各式各樣的方案跟選擇。

　　當我們設計好之後，就要認真努力的去執行，剩下的就交給時間、還有老天爺去給你答案吧。從現在就開始設定自己的目標，設計自己的幸運吧！

5-13 投資的真理

★ 投資的真理=「基本面」+「人」

從很久以前就一直在觀察一件事，就是有錢人他們到底是怎麼做投資的？？不免俗的我要舉巴菲特為例，我本身雖然沒有投資股票，但是我真的觀察巴菲特很久，他為什麼可以有辦法賺到這麼多的錢？

第一，

當然是他跟他強大的團隊認真的做研究跟分析。

第二，

很重要的一點，但也是最困難的一點，就是「危機入市」了，他的很多豐功偉業我沒有全部都知道，但是我就拿我自己觀察到的案例跟我看過他書來說，其實他的投資模式非常簡單，他會去研究觀察這個產業是不是必須的，什麼叫做必須的呢？？就是日常生活跟我們有非常緊密接觸的事物。

在2008年金融海嘯的時候，他投資高盛銀行的股票1500億台幣，銀行有沒有跟我們日常生活息息相關？？當然是有啊！！隨著時間推移，截至目前為止，這筆投資已經賺進了900億台幣的獲利。

再來他在蘋果股價一片不看好的時候，他反而加碼買進股

票，到目前為止2017年5月，4年的時間，蘋果幫他賺進了500億台幣。

每次只要他在做這樣的決定時，總會有媒體不斷地說他老了、他的判斷有問題、巴菲特豪賭一場……等等的標題，但是時間可以證明一切，他做的這幾個重大的投資決定，紮紮實實的幫他的公司賺了非常非常多的錢，所以他就是去分析，他要投入的這個產業，是不是社會大眾日常的人，都會需要得到？再來就是他要投入的這間公司體質如何？？公司的領導人是誰？

★ 千金難買早知道

把這個道理帶回來房地產，**不管怎麼說房地產就是一個非常剛性需求的產業**，如果是在西方，我還不太敢講，但是東方人的觀念，根深蒂固，尤其是華人有土斯有財，有房子才有一個安身立命家的觀念。所以只要不發生戰爭，如果只是短期的經濟波動，或者是短期恐慌性的波動，我相信房子，它的價值永遠會在那裡。

綜觀許多在房地產賺到大錢的人，沒有一個不是「危機入市」的，就拿我們這個年代的人來說，從921到SARS到金融風暴，舉凡有人在這個時間點，逆向操作進場的人，每一個人一定都賺了不少的錢。

不出手的人總是說：「早知道我那個時候就買了」，這也

197

是我在從事仲介期間，甚至一直到後面的投資，看到了太多太
多的人說這句話，但是他們就是沒有出手去買過。

★ 人性的弱點反向操作

人真的有一個非常奇怪的習性，就是會「追高跟殺低」，
真的是非常奇怪的一個現象，「擦鞋童理論」不知道大家有沒
有聽過？？我是一直秉持的這個理論，兢兢業業地在做投資。

所謂擦鞋童理論就是：在過去西方國家有一段期間，股票
非常的瘋狂，瘋狂到什麼程度呢？在之前在西方國家擦鞋童是
一個非常底層的行業，甘迺迪政治家族的約瑟夫‧派屈克‧甘
迺迪（Joseph P. Kennedy, Sr.），他本身有投資很多股票，有一
天他一如往常的去擦鞋子，結果他突然發現，那個時候連擦鞋
童都在跟他講，買股票有多好賺，那個時候他驚覺這是一個市
場過熱的現象，所以回去之後把股票都賣掉，過了不久股票果
然崩盤，所以擦鞋童理論是指某個投資市場過熱，危險的訊號
出現。

我也是一直在觀察這個理論，大約在2013年的時候，那個
時候舉凡電視新聞、政論節目、談話性節目，總是會提到房地
產、房地產、房地產，一片欣欣向榮的感覺。坐在麥當勞或者
是Starbucks或者是85度C，旁邊動不動就是聽到在討論房地產，
這個時候就已經在跟我的爸媽講，手上的案件要全部都把它處
理掉。果不出其所然，當我們手上案件處理得差不多時候，房

市開始反轉。

這2年仲介店頭收了一大堆，房市負面新聞不斷地出現，一直到今年2017年的年初才開始有一點回溫的感覺。

我來考考各位，你認為什麼時候是真正可以進場的時候？？

答案是：

當你身邊每個人都在跟你說：「房地產不行了」的時候，或是你說你要投資房地產，然後身邊的人說：「你是瘋了還是你是白痴」的時候，那個時候是真正可以撿到最便宜案件的時候，相信我時間會證明一切。

但是對短期投資的人來說，其實根本就沒有什麼太大差別，我自己透過「零失誤的投資方程式」中的技巧跟觀念，不管在任何時間點裡，如果房價賣得便宜，我們就買的更便宜就好了，只要讓自己的投資基礎立於不敗之地就好。

「危機入市」這四個字大家都聽得懂，但是只有1%的人做得到，為什麼呢？？因為這是跟我們的人的本性互相抵觸的。為什麼那1%的人做得到呢？？因為他們對他們自己的專業有信心、還有研究的夠徹底。但是不要誤會，我不是叫你去賭博，誒～老師說房地產現在好像看起來已經不能再差了，然後你就把錢全部投進去。不是這樣的喔，各位，最終投資還是要建立在專業的分析上，OK？

5-14 資源整合

★ 有錢人都是借別人的錢跟時間來賺大錢

在這個世界一切都可以靠「借」的，不管是「資金」、還是「技術」、更甚是「人才」、都可以用借的。

我觀察到這個社會的「閒置資源」很多，資源早就已經都準備好在那邊，我們所要做的事就是把它整合，然後運用我們的智慧讓這些資源有系統的運作。

不管是白手起家的生意人、或者是家裡面已經很有錢的第二代，只要是做得非常成功的，我保證，她們一定都非常善於利用別人的錢來賺錢。以下幾點是成功人士的共同點。

★ （一）很會借錢

如果你不能借用別人的資金、資源來做生意或是投資，如果你說：「我要靠自己存錢後再來賺錢！」

這樣當然非常的好，但是……

我這裡舉例給你聽：

假設；有錢人跟銀行借1000萬甚至更高，只要1～2個月就

會下來，請問1000萬一般人是要存多久？？

就算有人很會賺錢，年收入200萬，相信這樣的收入應該是不低的收入吧？好的，那扣掉生活開銷，1000萬也要存個7～8年，是不是不為過？

好的，如果你說：「沒問題！我收入又高，我也願意存8年！」

那在來思考另一個問題，通貨膨脹，存款貶值。等你存到這筆錢的時候，時空背景又不一樣了，8年前的1000萬，跟8年後的1000萬，比較起來一定又不一樣。

最後一個思考問題是：「富人已經領先你7～8年」。

8年後你要從零開始，但富人已經遙遙領先你8年時間，你追的上他們嗎？

所以有錢人非常擅長借錢，尤其是跟銀行，所以要靠慢慢存錢，再用這錢去賺錢是有一定的難度。

不管是做投資或者是做生意要想盡辦法貸款，尤其是借助銀行的資金，讓自己做起生意或是投資來更順遂。

這個觀念是很多人都沒有辦法突破的一種觀念

因為這社會大很多人財商觀念欠缺。

注意以下事項：

（1）去借錢去貸款

「並不是叫你借款來隨心所欲使用」，而是每筆錢都要經過計算，要花在刀口上，很多人之所以會失敗就是沒有詳細的規劃。

（2）縱使有詳細的計劃，但是沒有嚴格地去執行也是會失敗。

假設我們可以取得的資金是100萬，但是你卻規劃150萬的計劃那注定失敗，或者是說你借了100萬也定了100萬的計劃，但是你卻沒有嚴格的去執行最後還是超出預算，這樣子也是會失敗。

★ （二）借人、借智慧、借時間

當我們擬定一個方案的時候，去找可以信任的人，去找「比我們聰明的人」，一起討論，並且一直不斷地詢問自己這個是最成熟的方案了嗎？？

然後擬定好方案執行之後，還要定期的檢討，還有沒有比這個更好的辦法，讓別人跟自己反覆深入思考研究，逼出自己的最佳智慧，進而達到自己所需要的目的。

許多非常優秀的企業家、投資人，就是有辦法讓優秀的人才為他們工作，這個就牽扯到經營管理，有人會覺得投資跟經

營管理好像沒有關係，那就大錯特錯！關係非常的大。

因為這個世界是一個團體的世界，如果你有辦法發掘優秀的人「為你」或「幫你」工作，那你的時間跟工作效率將會大大提升。

這邊我要說的是所有的事都沒有辦法一步登天，但是如果你懂得借力使力並且運用得當，就可以快捷又省力，比別人快速達成目標。

所以

「借」：「是學問」、「是技巧」、「是做人」

所以信用很重要，在現在這個時代裡面，如果你平時沒有做人、沒有原則跟信用，相信不論是銀行或者是親朋好友，都不會願意相信你，更不用說要拿出資金來投資你。

對於沒有資產、沒有本金的人，卻想要致富，確實是難上加難，但是就算我們沒有錢、沒有本金，至少我們可以把我們的人格跟信用做好、培養好，努力的賺錢、存錢，同時也尋找機會，不斷地學習，等到機會來到的時候，你就有辦法看得懂、也掌握得住。

★ **成功案例**

我有一個朋友Cindy，她是一位租賃公司的業務助理，她對

不產投資非常有興趣，她自己本身沒有資金可以投資不動產，同時常常在跟我請教不動產的相關事宜，我看她非常認真，所以只要有空，我就會告訴她許多技巧，也就是「零失誤的投資方程式」的內容，包含如何集資利用別人的錢來賺錢、如何談判……等等的技巧。Cindy也非常認真的照著我的指導去做，第一年非常的辛苦，她除了上班時間以外，下班就是去看房子，不然就是上網做功課，假日也不斷地去看房子。認真是會有回報的，我觀察這個世界確實是這樣運轉的，第二年開始，她就買到了人生的第一個投資案件。

那錢的部分，她怎麼解決呢？？

當一個人在不斷地累積自己的專業知識時，她身邊的親朋好友一定都會看到，當她的專業知識累積到一定程度，她說的話就會有公信力，因為她可以分析她在這個投資市場的競爭力，她在做功課跟看房子的同時，也都會跟親朋好友提到，她正在學習如何投資不動產，並且每次只要有案件，他就會寫相關的企劃案。

一開始或許親朋好友不太相信，但是不用多久，經過一次、兩次親友錯失投資機會，再加上她的親友若看到，結果跟她當初規劃的差不多時，那麼接下來的案件她不用提，她的親友就會主動跟她說，下一次有案件記得要跟他們說。當你做到這個程度時，代表你的專業受到認可，除了金錢上獲得支持外，精神上的被人支持，往往更是讓人愉悅。

　　因為她是做操盤的人，所有辛苦的事全部都是由她來做，當然要收取一定的利潤這是非常合理的，

　　從Cindy開始學習到目前為止，即將進入第4年，她已經賺到足夠的資本，可以獨立做房地產的投資，現在也跟我一樣，是一個閒雲野鶴的投資人，只要有空，我們就會一起出去喝杯咖啡，討論一下市場的現況，交換彼此最近的案件資訊，除了很開心可以多一個投資不動產的同好，更開心的是，看到有人因為我的協助，而進入了財富自由的領域，非常有成就感。Cindy本來是一個業務助理，但是運用了「零失誤投資方程式」技巧跟概念後，讓我覺得非常有成就感，因為就算不懂房地產的一個小女生，現在已經進入了財務自由的領域，希望大家都可以透過學習，最終一起達到財富自由的人生。

後記
零失誤的投資方程式

　　我們這一輩的年輕人在這個時代其實很辛苦也很可憐，從小到大被教育著好好的念書，然後成為一個工作機器，如果你總是想著要賺大錢，那你就是投機的人，你這是不對的想法，是不被允許的。導致許多本來有機會在這社會有一番作為的人，在長期的教育體制以及社會觀念的壓迫之下，於是生產出了高學歷，高知識但是只能賺22K的奇怪現象，我認為台灣的人素質與能力都非常優秀，可惜的是缺乏好的財商觀念，不動產投資我不能跟你說很簡單，但是我可以說如果有一套好的指標跟系統，就算不是專業的人也可以輕鬆快速地成為不動產投資專家。

　　不動產投資看起來很困難？？

　　進入障礙很高？？

　　那是因為大部分的人看不懂遊戲規則，只要你搞懂頂尖投資人，穩賺不賠的秘訣，就算你只是月薪收入不高的上班族，小資族，你也可以透過不動產創造你之前沒有想像過的收入。

　　我上過很多投資的課程，發現很多老師都不願意把真正的心法傳授出來，總是對於真正重要的部分有所保留，而且學費還收的不便宜，所以除了這本書之外，我更花了一年左右時間整理、歸納，製作了我這11年來房產投資經驗的精華，名為零失誤的投資方程式，是為更深一層的投資訣竅跟心法，很多內容單憑文字無法呈現，市面上絕對看不到這樣完整的內容，我

自己遵循這套方程式，投資房地產從來沒有失誤過一次，如果有想更進一步了解更多的資訊可以到「順利九九財商學苑」粉絲專頁了解，最後祝各位也可以像我一樣盡早達到財富自由之路，過著閒雲野鶴的生活喔。

FB粉絲頁-順利九九財商學苑

筆記

投資理財 10

沒資金沒背景，靠這個5年財富自由

作　　　者：許國煜
編　　　輯：楊容容
美　　　編：塗宇樵
封 面 設 計：塗宇樵
出　版　者：博客思出版事業網
發　　　行：博客思出版事業網
地　　　址：臺北市中正區重慶南路1段121號8樓14
電　　　話：（02）2331-1675或（02）2331-1691
傳　　　真：（02）2382-6225
E—M A I L：books5w@gmail.com、books5w@yahoo.com.tw
網 路 書 店：http://bookstv.com.tw/
　　　　　　http://store.pchome.com.tw/yesbooks/
　　　　　　博客來網路書店、博客思網路書店、
　　　　　　三民書局、金石堂書店
總　經　銷：聯合發行股份有限公司
電　　　話：（02）2917-8022　　傳真：（02）2915-7212
劃 撥 戶 名：蘭臺出版社 帳號：18995335
香 港 代 理：香港聯合零售有限公司
地　　　址：香港新界大蒲汀麗路36號中華商務印刷大樓
　　　　　　C&C Building, #36, Ting Lai Road, Tai Po, New Territories, HK
電　　　話：（852）2150-2100　　傳真：（852）2356-0735
經　銷　商：廈門外圖集團有限公司
地　　　址：廈門市湖里區悅華路8號4樓
電　　　話：86-592-2230177
傳　　　真：86-592-5365089
出 版 日 期：2018年2月 初版
定　　　價：新臺幣300元整（平裝）
I　S　B　N：978-986-95257-8-7

國家圖書館出版品預行編目資料

　沒資金沒背景，靠這個賺進好幾個8位數身價 / 許國煜 著
　--初版--
　臺北市：博客思出版事業網：2018.02
　ISBN：978-986-95257-8-7（平裝）
　1.不動產業 2.投資
　554.89　　　　　　　　　　　106022407